Arjan Broere

Gericht onderhandelen

**Haal meer uit je
loopbaangesprekken**

VOLKSKRANT**BANEN** – SPECTRUM

Uitgeverij het Spectrum
Postbus 2073
3500 GB Utrecht

Eerste druk 2006
Omslagontwerp: Hollandse werken, Marc Freriks
Zetwerk: Meijster Design B.V., Vijfhuizen
Druk: Giethoorn Ten Brink, Meppel

This edition © 2006 by het Spectrum

Ondanks al de aan de samenstelling van de tekst bestede zorg, kan noch de redactie noch de uitgever aansprakelijkheid aanvaarden voor eventuele schade die zou kunnen voortvloeien uit enige fout die in deze uitgave zou kunnen voorkomen.

ISBN-10: 90 274 4016 6
ISBN-13: 978 90 274 4016 7
NUR 801
www.spectrum.nl

Inhoudsopgave

Inleiding 7
De kern 10
Wat is onderhandelen? 10
Werk voortdurend op drie niveaus 21

1. Inhoudsniveau 30
   Deel I : Beslissingen nemen 32
   Deel II : Over inzetten: hoog, laag, grenzen en stel dat 38
   Deel III : Argumenteren 45
   Deel IV : Waarover onderhandel je? 55
   Onderhandelen over geld 67
   Onderhandelen over de inhoud van het werk 84

2. Procedureniveau 95
   Eerste positiekeuze essentieel 97
   Contracteren 98
   Voorbereiding 100
   Opening 117
   Agenda en procedurevoorstel 118
   Eerste positiekeuze 119
   Exploreren: verdiepen en verbreden 126
   Convergentie: pakketten of een deal 130
   Formuleren van deal en afspraken maken 135
   Evaluatie 137

3. Samenwerkingsniveau 139
   Inleiding 139
   Deel I : Balanceren tussen wat jij wilt en wat de ander wil 141
   Deel II : Wees gevoelig voor de context 171
   Deel III : Als het spannend wordt 182
   Opdrachten 195

Literatuurlijst 196

5

Inleiding

SAMENVATTING

- Inleiding: over onderhandelen in je loopbaan.
- De kern van het boek: onderhandel bewust én werk op drie niveaus: de inhoud, de procedure en de samenwerking.
- Wat is onderhandelen?
  - Het is een gesprek, dus live.
  - Het gesprek vindt plaats tussen twee of meer partijen.
  - Er is een belangentegenstelling of die lijkt er te zijn.
  - Doel van het gesprek is tot een oplossing te komen.
  - Deelnemers moeten voor hun eigen belang opkomen maar ook aandacht aan elkaars belang schenken, want ze zijn ten minste voor een deel van elkaar afhankelijk.
  - In dit geval is er sprake van onderhandelaars die een werkrelatie met elkaar hebben. Het is dus geen eenmalige onderhandeling en de organisatiecontext speelt een rol.
- Zie het als een spel en neem afstand van wat er gebeurt.
- Wat is onderhandelen niet?
  - Geven en nemen.
  - Concessies doen om een relatie te verbeteren.
  - Te ambitieus zijn, schaadt de relatie.
  - Uiteindelijk is het toch je baas ...
- Werk op drie niveaus.
  - Werk aan de inhoud van de onderhandeling.
  - Zorg voor een goede procedure.
  - Investeer in de samenwerking en let op hoe jij je voelt tijdens het gesprek.
  - Schakel tussen de niveaus: naar beneden als het mag en naar boven als het moet.

Kunnen onderhandelen is een vaardigheid die je altijd van pas komt: bij de aanschaf van een nieuwe keuken, het kopen van een huis, bij het terugbrengen van een laptop die het niet meer doet maar waar de garantie van verlopen is, bij het soebatten met een agent die op het punt staat een bekeuring voor verkeerd parkeren uit te schrijven, met de ober waarvan je wilt dat hij in de keuken een gerecht voor jou op maat laat maken.

Voor je werk zul je waarschijnlijk ook moeten onderhandelen: met klanten of cliënten of patiënten, met leveranciers en zeker ook met collega's over vrije dagen, wie het leuke werk mag doen et cetera.

Een speciale vorm van onderhandelen is onderhandelen ín je loopbaan. Onderhandelen over arbeidsvoorwaarden, de inhoud van het werk, de begeleiding of faciliteiten die je krijgt. Dat is een bijzondere vorm omdat je dan onderhandelt met een leidinggevende, met wie je op andere momenten weer een andere relatie hebt.

In je loopbaan onderhandel je in elk geval bij de start van een nieuwe functie over de arbeidsvoorwaarden. Maar ook tijdens het werk zijn er momenten om eens aan de onderhandeltafel aan te schuiven: meer loon, minder werken, opleidingen doen et cetera.

Nog niet zo lang geleden hebben we in een krappe arbeidsmarkt een enorme groei van werk in de IT gezien. Op dat moment ging alles en iedereen in de IT en als je een baan aanvaardde kreeg je een torenhoog salaris, leuke extra's en uiteraard stond een glimmende leaseauto al klaar. Nadat de IT-sector een klap kreeg omdat de nieuwe economie toch niet echt van de grond kwam, hebben veel werkgevers en HR-officers een licht katterig gevoel eraan overgehouden en is er meer oplettendheid als het gaat om contracten. Ook de recessie die nu wat achter de rug lijkt, heeft veel werkgevers waakzaam gemaakt voor al te mooie pakketten. Daar staat tegenover dat de huidige generatie nuchterder lijkt als het gaat om werk: het is maar werk en uiteraard praat je over wat jij nodig hebt. De generatie Einstein (slim, sterk, sociaal en helemaal thuis in de moderne digitale wereld) of Y (sociaal, gericht op zelfontplooiing) weet wat hij (m/v) wil. Mooi, want onderhandelen is niet alleen belangrijk om meer uit je werk te halen maar ook om je leidinggevende te laten zien

8

dat hij weet wat je waard bent en daarvoor durft te gaan.

Er valt ook altijd wat te onderhandelen. Als je aan een nieuwe baan begint en een nieuw contract aangeboden krijgt, zijn er altijd punten waarover 'gepraat kan worden'. Hoezeer alles ook vast lijkt te liggen, zoek de ruimte. Misschien zijn er vuistregels voor de inschaling, maar er is altijd ruimte voor interpretatie. Werktijden liggen misschien vast, maar er zullen wellicht ook medewerkers met individuele afspraken zijn.

De nieuwe collega deed van meet af aan stof opwaaien. Met zijn kostuums en dassen was hij al een opvallende verschijning in onderwijsland, maar zijn met managementjargon doorspekte taalgebruik was ook wel wat erg dynamisch. Nog meer onderwerp van gesprek was de Amerikaans-Nederlandse collega toen hij trots meldde dat hij een OV-jaarkaart én een reiskostenvergoeding én een tweevoudige verhuisvergoeding had losgekregen. En dat bij leidinggevenden die niet eens over een paar pennen durfden te besluiten! En een afdeling P&O die zich altijd verschool achter 'er kan niks'! De vraag was wel wat meer schokte: de geboekte successen tijdens het onderhandelen of de vrijpostige manier van erover praten.

Als je ergens een hele poos werkt, kun je ook wel eens het gevoel hebben dat het tijd is het pakket weer eens te bespreken: het loon mag wat hoger, de coaching wat straffer, nieuwe inhoudelijke uitdagingen ... Of het tegenovergestelde: werk is leuk, maar ook andere zaken vragen tijd en aandacht: studie, zorg, maatschappelijke functies. Het is soms tijd voor een 'Ik wil meer-' en soms voor een 'Ik wil minder'-gesprek.

Tijdens de vakantie kun je met wat meer afstand naar je werk kijken. Dat is een mooi moment om ook weer eens de balans op te maken: is dit het nu? Wat kan of moet anders?

Er is altijd ruimte om tot nieuwe afspraken te komen. Pak die kans op om er beter van te worden en om te laten zien dat je een serieus gesprek goed kunt voeren.

De kern

Twee zaken zijn de hoofdthema's van dit boek. Het ene punt dat van belang is, is dat je bewust gaat onderhandelen. Wees je bewust van het feit dat je gaat onderhandelen en wees je bewust van wat jij doet en wat de ander doet. In de tekst lees je elders: als je loopt, loop dan. Wees er met je aandacht en gedachten bij; let op en zie wat gebeurt; reageer alert en direct.

Het andere punt is dat je op drie niveaus tegelijk moet werken. Wees je voortdurend bewust van het niveau waarop je zit in het gesprek en wees gevoelig voor het niveau waarop de ander signalen afgeeft. De drie niveaus zijn:

- inhoudsniveau: werk aan het feitelijke onderwerp;
- procedureniveau: let op de structuur en organisatie van het gesprek; de technisch-procedurele kant;
- samenwerkingsniveau: let op wat het gesprek emotioneel met jou en je gesprekspartner doet.

Als je op alle drie de niveaus zorgt voor een goed gesprek, wordt het vast een succes.

Wat is onderhandelen?

Onderhandelen is een gesprek waarin twee of meer partijen (ogenschijnlijk) tegengestelde belangen tot een oplossing brengen. Dat vraagt van partijen dat zij balanceren tussen opkomen voor zichzelf en samenwerking.

Gesprek

Onderhandelen betekent doorgaans praten. In een of meer gesprekken wordt naar een deal toegewerkt. Je kunt op papier of via mail voorstellen doen en onderleggers sturen, na een gesprek nieuwe voorstellen op papier doen, maar uiteindelijk wordt in gesprekken bepaald waar de oplossing gevonden moet worden.

Het spannende daarvan is dat het live is. Je kunt – moet! – je voorbereiden, maar je weet nooit hoe het echt gaat lopen. De een vindt dat nu juist de kick: improviseren, reageren, inzet nog even verhogen want er is ruimte. De ander krijgt er slapeloze nachten van en hoopt tot op het laatste moment dat het gesprek afgeblazen wordt.

Je moet de spanning wel voelen, want het is een serieus gesprek waarin je voor je belang op moet komen én aan je leidinggevende moet laten zien dat je ergens voor kunt gaan. Daarnaast is het essentieel om voldoende ontspannen te zijn om te kunnen reageren op wat er gebeurt. Immers, er kan van alles gebeuren: een schorsing, een verrassende wending door iets nieuws in de onderhandeling te betrekken, het erbij halen van iemand anders om een inhoudelijke vraag op te lossen.

Al op school was de een dol op mondelinge examens: de kick van scoren, een aanval afslaan, charmes en humor inzetten, soms verlies sportief accepteren, snel reageren en omschakelen ... De ander vond het verschrikkelijk: zenuwen, altijd de verkeerde examinator met die rotvragen, die waardeloze sfeer.

> ▶ Vind jij het spannend en uitdagend om in gesprekken te scoren? Zie je ertegenop? Kun je het goed? Beantwoord zelf die vragen én doe eens navraag bij mensen die je kennen, zowel via het werk, je studie als uit je privéomgeving.

Twee of meer partijen

Formeel vinden onderhandelingen plaats tussen jou en de werkgever. Je werkgever kan door een manager of je – aanstaande – leidinggevende waargenomen worden. Soms doet die de eerste onderhandeling en komt er een voorstel voor de directie waar je dan het formele gesprek mee hebt. Hoeveel er dan nog kan veranderen, verschilt sterk per onderneming. Ook kunnen er adviseurs aanwezig zijn bij gesprekken, zoals de HR-manager. Het is ook mogelijk dat deze de onderhandeling doet, bijvoorbeeld als je centraal in dienst komt en HR toeziet op de inschaling en arbeidsvoorwaarden.

Het is ongebruikelijk dat medewerkers iemand meenemen. Doorgaans associëren we dat met gesprekken waarin er een conflict is.

> ► Zorg dat je een onderhandeling niet in je eentje voorbereidt. Het gesprek zul je zelf moeten doen, maar zorg voor bijstand om je inhoudelijk te helpen, om mee te sparren en voor feedback.

Zodra er twee partijen zijn, kan er al sprake zijn van polarisatie; een tegenstelling. Het feit dat je 'tegenover elkaar gaat zitten' zegt al veel. Houd in de aanloop naar een gesprek rekening met het feit dat hoe goed je doorgaans ook samenwerkt, je in een onderhandeling nu eenmaal anders met elkaar aan tafel zit. Bereid je erop voor dat er meer afstand in het gesprek kan zijn.

> ► Zorg dat je voorafgaand aan het gesprek weet wie erbij aanwezig zijn en wat de formele procedure is. We gaan daar bij de Procedurebespreking nader op in.

(OGENSCHIJNLIJKE) BELANGENTEGENSTELLING

Een gesprek is een onderhandeling als je ervan uitgaat dat de ander iets wil wat tenminste op het eerste gezicht afwijkt van wat jij wilt. Er zal, kortom, weerwerk komen. Wat jij meer aan loon krijgt, moet je leidinggevende betalen. Wat jij meer krijgt aan vrije dagen, betekent voor de leidinggevende minder productiviteit.

Een goede onderhandeling bestaat eruit om te onderzoeken óf er een belangentegenstelling is. Want die kan ook wel eens niet bestaan. In dat geval is er geen sprake van een onderhandeling. Jij doet een verzoek en dat wordt ingewilligd. Jij wilt een opleiding doen en je leidinggevende vindt dat zelfs noodzakelijk voor jouw functioneren. Over de kosten is ook geen verschil van mening en hupsakee, het is rond.

Het klassieke win-winvoorbeeld is dat van het verdelen van een sinaasappel. Twee mensen willen beiden een sinaasappel en na wat gedoe besluiten ze de sinaasappel doormidden te snijden en beiden met de helft genoegen te nemen. Echter, hadden ze doorgepraat en elkaar gevraagd waarom ze die sinaasappel wilden, dan hadden ze ontdekt dat de een de schil wilde om die te raspen voor een cake en dat de ander de inhoud wilde voor de vitaminen. En dus had er voor beiden meer ingezeten als ze elkaar maar vragen hadden gesteld.

Soms is de belangentegenstelling er wel, maar niet zo zwart-wit als ze op het eerste gezicht lijkt. Dan onderhandelen we wel – met alle weerwerk van dien – maar pas nadat we uitgebreid elkaar hebben gevraagd wat er nu voor alle partijen echt belangrijk is en hoe dat allemaal bereikt kan worden. Jij wilt promotie maken en meer verdienen en je leidinggevende ziet dat jij kwaliteiten hebt die meer benut kunnen worden. Er zit overlap in wat je wilt, maar wellicht verschil in hoe dat gerealiseerd moet worden.

Bij onderhandelingen nemen we een positie in (ik wil accountmanager worden versus ik vind dat jij daar nog niet aan toe bent) en gaan we verkennen waarom je wilt wat je wilt. Door dat verkennen (wat is jouw belang achter de positie die je inneemt?) kunnen we tot andere oplossingen komen (accountmanagement staat voor jou voor het opdoen van commerciële ervaring en dat vind ik als leidinggevende ook goed, dus krijg je een rol in acquisities). Zie Procedureniveau 'Wat wil je: belangen en posities (win-win of nul-som)'.

Soms is de tegenstelling er omdat er grote inhoudelijke meningsverschillen zijn. Jouw verzoek om meer salaris ziet je leidinggevende helemaal niet zitten, of het verzoek om minder te werken betekent voor je werkgever een teken van disloyaliteit en dat je de verkeerde prioriteiten hebt. In die gevallen is er echt werk aan de winkel om de spanning te adresseren én te werken aan het behalen van je inhoudelijke doelen.

Ga de tegenstelling vooral niet uit de weg. Door spanningen te vermijden, je niet uit te spreken, snel in te binden en jezelf weg te cijferen, haal je én niet je resultaten én je bent eigenlijk niet helemaal eerlijk. Immers, een belangrijk deel van wat je vindt en voelt, krijgt geen plek in het gesprek. Daarmee laat je te weinig van jezelf zien. Ook loop je het risico dat je leidinggevende je niet zo'n sterke onderhandelaar vindt en het dus ook je professionele aanzien schaadt.

> ▶ Besteed in de voorbereiding en in het gesprek veel aandacht aan de vraag waar de mogelijke tegenstelling ligt.

Frank werkte als docent op een opleiding waar ook topsporters studeerden. Deze groep bijzonder gemotiveerde studenten blonk uit door inzet en *drive*. Bij een examen had een student een 5,3 en hij zou dus een herexamen moeten maken. Hij had altijd goed gewerkt voor het vak, maar het examen was ten koste gegaan van een toernooi vlak voor het examen.

De student kwam naar Frank om het examen door te nemen en een afspraak voor een herexamen te maken. Frank stelde voor maar gewoon van die 5,3 een 5,5 te maken. Hij had de essentie van het vak begrepen en altijd goed gewerkt, dus dat zat wel snor. De student ging akkoord en liep de gang op.

Frank was vergeten een handtekening op een examenbriefje te zetten en liep de student na in de gang, waar hij met een medestudent stond te praten. Frank hoorde een deel van het gesprek: 'Wat een slappe zak, zeg. Hij geeft het zo weg!' Plots besefte Frank dat hij met zijn cadeau, waarmee hij beoogde een relatie te bevestigen, de relatie alleen maar geschaad had. Hij stond niet voor zijn vak en legde de lat te laag.

Oplossing

Uit het gesprek moet een akkoord komen. Een oplossing, een deal, een overeenkomst, een pakket of een compromis, hoewel dat woord de lading heeft gekregen van water bij de wijn.

Dat betekent niet dat beide partijen meer belang hebben bij een uitkomst dan bij geen uitkomst. Soms is de een meer afhankelijk dan de ander. Als je bij een leidinggevende binnenloopt om een salarisverhoging te bespreken, dan zijn beide partijen gebaat bij een bevredigend gesprek met dito uitkomst. Ben je een boventallig verklaarde medewerker, dan staat diezelfde manager wellicht anders tegenover jou.

Bij de arbeidsvoorwaardenonderhandeling voor een nieuwe baan is meestal een groot deel van de selectie achter de rug en is duidelijk dat men met jou verder wil. Er is geïnvesteerd in het traject en de wens is tot een deal te komen.

Mocht een van de partijen geen belang bij een oplossing hebben en achterover kunnen gaan leunen, dan wordt het gesprek lastig. Kijk ook bij BAZO: wat is je beste alternatief zonder onderhandeling, dus wat heb je achter de hand als deze onderhandeling mislukt? Zie ook Inhoudsniveau, bladzijde 40 e.v. 'BAZO'.

Het kan de samenwerking bevorderen of zelfs vlot trekken om in het gesprek het wederzijdse belang van een overeenkomst eens te benadrukken.

Je zult ook merken dat als je telkens voor ogen houdt dat je tot een oplossing wilt komen en zoekt naar de overeenkomsten, er heel andere dingen in een gesprek gebeuren dan wanneer je opvalt hoe ver je met het salaris uit elkaar zit of het voorstel voor een salaris zelfs als een belediging ervaart. Focus op oplossingen en op overeenkomsten.

▶ In *Doen wat werkt* (Coert Visser) en andere werken uit het oplossingsgericht management (solution focussed management) is het uitgangspunt dat je inzet in het gesprek voornamelijk gericht moet zijn op het zoeken naar oplossingen en de resources die deelnemers hebben om oplossingen te realiseren. Te veel focus op problemen, lange en diepe analyse genereren minder energie.

AUTONOMIE EN SAMENWERKING: WEDERZIJDSE AFHANKELIJKHEID

Een van de bijzondere kenmerken van een onderhandeling is de zorgvuldige balans tussen geven en nemen, dominant zijn en volgen, betogen en luisteren, ruimte nemen en inlevend vermogen tonen. Het hele gesprek draait om jouw doelen centraal stellen en autonoom zijn en dan weer de ander aandacht geven en zijn doelen centraal stellen, waaruit de afhankelijkheid blijkt. In het hoofdstuk Samenwerkingsniveau gaan we hier uitgebreid op in.

Renske kende haar leidinggevende als een informele coachende leidinggevende. Je kon altijd terecht met vragen of opmerkingen en dan hing hij niet de expert uit, maar vroeg hij door net zolang tot het probleem achter het probleem boven kwam. Dus toen Renske een gesprek aanvroeg om eens te praten over een loonsverhoging zag ze daar helemaal niet tegenop. Maar gaandeweg het gesprek voelde ze dat ze weer gecoacht werd. In plaats van een onderhandeling tussen twee gesprekspartners hield de leidinggevende de leiding in het gesprek en bleef hij met zijn vragen sturen. In plaats van een deal over loon kwam er een aantal opdrachten voor Renske uit het gesprek. Ook wel stimulerende opdrachten, maar dat was niet de inzet van het gesprek ...

▶ Doe de test 'Ik en de Ander' uit het deel over samenwerken om eens te zien hoe jij scoort op autonomie.

IN EEN WERKRELATIE

Onderhandelen met je leidinggevende of je aanstaande leidinggevende is anders dan de onderhandelingen die je in je werk doet of die je privé doet. Bij onderhandelen is het altijd de kunst om in te schatten wat de maximaal haalbare uitkomst is voor jou én hoe je de sfeer zo plezierig mogelijk houdt. Maar in een werkrelatie, waar je leidinggevende hiërarchisch boven je staat, kan het zoeken naar die balans nog gevoeliger liggen. In de ene organisatiecultuur is het makkelijker om mondig te zijn dan in een andere.

Een HR-officer werd gevraagd om zijn mening over onderhandelen binnen een hiërarchische relatie. 'Hiërarchisch? Het is hier toch niet de strokarton in de 20e eeuw? De medewerker moet zijn talenten inzetten en aan de slag en dat op een manier doen die past bij hem. Dan kan het toch niet zo zijn dat de manager van dienst daardoorheen gaat fietsen?'
Tegen het eind van de middag ging Bart naar de bibliotheek. Beerta was al eerder verdwenen. Het leek of Sien daarop gewacht had, want zodra hij de deur achter zich had gesloten en Maarten zijn voeten de trap hoorde afgaan, ging de deur van de systeemkamer open en kwam ze binnen. 'Als ik geen salarisverhoging krijg dan doe ik ook geen werk dat bij die salarisverhoging hoort!' Ze slikte van de zenuwen. Ze zag krijtwit, had rode wangen en trilde over haar hele lichaam. 'En als jij niet weet over te brengen dat het wetenschappelijk werk is wat we hier doen, dan zul je me hier niet lang meer zien, want ik wil wetenschappelijk werk doen en niet zomaar klusjes waar niemand belangstelling in stelt! Ik wil gewaardeerd worden en dat moet blijken uit mijn salaris! En daar ben jij verantwoordelijk voor! Daar word je voor betaald!'

J.J. Voskuil, *Het Bureau 3. Plankton*

Een spel?

Als je gaat onderhandelen heb je serieuze wensen. Misschien zie je op tegen het gesprek. In elk geval is de uitkomst bepalend voor een aantal arbeidsvoorwaarden, maar ook voor wat de arbeidsverhoudingen betreft. Immers, mocht het gesprek stroef lopen en je het gevoel hebben dat je geen wezenlijke inbreng had, dan heeft dat gevolgen voor je kijk op je (nieuwe) werkgever.

Die spanning en je goed voorbereiden zijn ook belangrijk. Maar zeker zo belangrijk is om het gesprek zo ontspannen mogelijk door te maken. Vaak heb je als je ontspannen bent het gevoel dat je alle kanten op kunt en telkens weer je reactie kunt bepalen. Als je gespannen bent, heb je vaak het gevoel dat de tijd snel gaat en je niet veel meer kunt dan primair reageren (waarbij met stomheid geslagen zijn ook een reactie is).

> ▶ In *De 48 wetten van de macht* gaat Greene ook in op het fenomeen tijd. Wie macht heeft, ervaart dat tijd trager gaat dan wie machteloos is. Hoe kun je op spannende momenten de tijd vertragen? Wat werkt voor jou?

Wat je kunt doen om te ontspannen, is het gesprek – hoe belangrijk het ook is – als een spel te zien. De spelers doen zetten en proberen een doel te bereiken. Bij een ondeugende of zelfs stoute zet van de ander ('Je denkt toch niet echt dat je dat bedrag waard bent!') kan een glimlach en een stilte waarin je oogcontact houdt meer voor je doen dan een aangebrande reactie. Leun achterover en hervat kalmpjes het gesprek ('Ik denk zeker dat ik het waard ben én waar ga maken. Maar waarom twijfel jij?'). Word deels speler en deels toeschouwer en zie wat er gebeurt en wat het met jou doet. 'Lees' het gesprek.

William Ury stelt in zijn boek *Onderhandelen met lastige mensen* dat je op spannende momenten 'naar het balkon' moet gaan en van een afstand moet bezien wat er op het toneel gebeurt. Andere auteurs hebben het over een time-out, de pauzeknop of een moment van niet-doen.

> Wim zat in een taai moment in een onderhandeling. Hij zakte onderuit, dacht er het zijne van en stak zijn handen in zijn zakken. Op dat moment voelde hij iets en pakte dat wat hij voelde uit zijn zakken. Het was een klein legomannetje dat hij tijdens het ontbijt van zijn peuterzoon had gekregen. Hij glimlachte. De gesprekspartners pikten er iets van op en hij vertelde het voorval. Allen lachten. De sfeer was ook meteen anders. Vanaf die dag heeft Wim altijd dat ene legomannetje bij zich.

Niet iedereen kan leven met de kwalificatie 'spel' als het om serieuze zaken gaat. Een consultant kwam bij de voorzitter van een raad van bestuur om zich te presenteren als coach voor een organisatieveranderingstraject. De consultant had het over hoe het spel gespeeld moest worden, waarop de bestuursvoorzitter droogjes stelde dat hij geen spellen speelde en dat van de diensten van meneer de consultant verder niet gebruikgemaakt zou worden. Laten we maar aannemen dat het gebruiken van het woord 'spel' slechts één van de mismatches was.

> ▶ Lukt het jou om afstand te houden in een gesprek of duik jij er helemaal in? Waardoor kun jij afstand nemen als het spannend dreigt te worden?

WAT IS ONDERHANDELEN NIET?

Er zijn vele manieren om te onderhandelen. Normen, regels, visies en theorieën kunnen je helpen, maar uiteindelijk moet je ontdekken wat bij jouw stijl past. Als jij authentiek vanuit jouw stijl aan de slag gaat, kun je bergen verzetten. Als introverte analyticus kun je wel eens jaloers zijn op die extroverte debater. En je kunt van die stijl ook vast iets leren, maar er zijn grenzen aan wat nog werkt voor jou en wat erg onnatuurlijk en 'bewust bekwaam'-gedrag wordt. Hieronder een aantal stellingen met een mening. Ga eens na of die strookt met jouw visie op onderhandelen.

ONDERHANDELEN IS GEVEN EN NEMEN

Dat is zo als het gaat om aandacht verdelen: luisteren én spreken wissel je af. Maar als het gaat om inhoudelijk geven en nemen, dan niet per se. Als je weet wat je wilt en je hebt goed nagedacht hoe je dat allemaal kunt realiseren en dat doet de andere partij ook, dan kan het maar zo zijn dat je allebei kunt nemen. Pas als dat onderzoek en het puzzelen met allerlei combinaties, pakketten en scenario's niks oplevert, kunnen we eens praten over geven. En dan is dat geven nog iets wat je omzichtig moet doen (zie Procedureniveau 'Over concessies', bladzijde 131).

SOMS MOET JE EEN CONCESSIE DOEN OM DE RELATIE TE VERBETEREN

Nee. Relatie en inhoud zijn twee verschillende zaken. Als de relatie niet goed is, moet je daarin investeren: toon begrip, geef aandacht, vat wat de ander zegt samen, verdiep je in zijn standpunt, neem een pauze, las een informeel moment in. Maar als je er inhoudelijk niet uitkomt, moet je zakelijk blijven: wat zijn de alternatieven, hoe kun je nog meer je zin krijgen, wat kost de ander niks en is voor jou winst et cetera.

Een concessie doen om de sfeer te verbeteren kan zelfs averechts werken. Immers, de ander kan de conclusie trekken dat je niet echt voor je belangen staat als je bij een beetje tegenwind al concessies doet. Een relatie koop je niet. Sterker nog, wie weet oogst je meer respect door hard voor je belang op te komen (en hart te hebben voor de relatie) dan een snelle concessie te doen.

Er wordt wel eens een verschil gemaakt tussen relatiekopers en transactiekopers, waarbij de eerste groep sterk sfeergevoelig is en de tweede gaat voor de korting en de extra service. Ook in zo'n wat grove tweedeling blijft het zaak de inhoud en de relatie te scheiden: paai de relatiekoper niet met een korting maar met een praatje en interesse in zijn privéleven, win de transactiekoper voor je met stevig en eerlijk onderhandelen.

ALS JE TE VER GAAT MET JE EISEN, LIJDT DE RELATIE SCHADE

Nee. Spanning in een gesprek is altijd spanning op samenwerkingsniveau. Je leidinggevende zal zich niet ergeren aan je verzoek om meer salaris of een opleiding op zich. Als er iets is wat hem ergert, is het iets wat speelt tussen jou en hem. En als er in een onderhandeling een escalatie ontstaat is dat niet omdat de inhoud frustraties oplevert, maar omdat gaandeweg het gesprek gevoelens ontstaan zoals niet serieus genomen worden, dat de ander niet luistert of eigenwijs is. Dat soort beelden over elkaar en het gesprek – samenwerkingsniveau dus – zijn de zaken die tot kleur op de wangen leiden.

Wees niet bang om ambitieuze doelen te hebben, maar houd goed in de gaten hoe de ander reageert. Ook hier geldt weer dat het hebben van ambitie net zo goed sterk voor je kan werken.

UITEINDELIJK IS HET TOCH JE BAAS ...

Maak een verschil tussen gelijkheid en gelijkwaardigheid. Uiteraard zijn jij en je (aanstaande) leidinggevende niet gelijk. Er is een verschil in hiërarchie: je leidinggevende houdt een beoordelingsgesprek met jou, kan jou opdrachten en aanwijzingen geven et cetera. Dat is een gegeven. In de ene cultuur wordt dat wat nadrukkelijker gesteld dan in de andere.

Voor een goede onderhandeling is gelijkheid echter niet nodig, maar wel gelijkwaardigheid. Gelijkwaardigheid gaat over evenveel ruimte krijgen om te spreken, naar elkaar luisteren, een veilige sfeer creëren, rekening houden met elkaars belangen. Dat vraagt van jou voldoende autonomie en zelfvertrouwen: neem ruimte.

> ▶ Als je niet dol op reflectie en overpeinzingen bent, moet je vooral inhoudelijk en procedureel je onderhandeling voorbereiden en aan de slag gaan. Degenen die meer naar beschouwing neigen, kunnen betere onderhandelaars worden door na te gaan wat zij vinden van bovenstaande aspecten en wat hun keuze is. Bespreek dat ook eens met mensen wier onderhandelingsstijl je bewondert.

Werk voortdurend op drie niveaus

INLEIDING

In alle gesprekken, of het nu een vergadering, brainstormsessie of onderhandeling is, gebeurt er voortdurend van alles tussen mensen. Een compliment, een punt van orde, een briljante analyse, een sneer, allemaal zetten in een spel. Voor alle gesprekken, en met name voor gesprekken die spannend zijn, is het van belang erg alert te zijn op wat die boodschappen precies betekenen.

Een gesprek is live. Terwijl je luistert en praat, is het lastig ook nog eens bezig te zijn met de structuur en het verloop van het gesprek. Dat is toch een beetje of je acteur en regisseur tegelijk bent. En toch is het essentieel om én te doen én te denken. Een kwestie van het gesprek bewust voeren, zoals de oersimpele zenwet al zegt: als je loopt, loop dan.

In een onderhandeling moet je voortdurend aandacht aan drie niveaus besteden.

- ▪ Besteed aandacht aan het inhoudsniveau. Dit is het niveau dat gaat over het feitelijke onderwerp. Dit is het nuchtere, praktische deel van het gesprek: waar hebben we het eigenlijk over.

- Besteed aandacht aan het procedureniveau. Dit is het niveau dat gaat over de organisatie en de structuur van het gesprek. Dat zijn die zaken die je bijvoorbeeld bij vergadertechnieken leert: doelen stellen, agenda maken, verslagleggen.
- Besteed aandacht aan het samenwerkingsniveau. Dit is het niveau in het gesprek dat gaat over de psychologie van het gesprek. Het gaat over beelden die jij van de ander en de samenwerking hebt en de gevoelens die er bij jou leven tijdens het gesprek.

INHOUDSNIVEAU

Op inhoudsniveau gaat het over de feitelijke materie waarover onderhandeld wordt. Het kan dan gaan over meer werken, spannendere projecten, een gratificatie krijgen et cetera. Uiteindelijk zijn dit de onderwerpen waar je een deal over wilt sluiten.

Uitingen op inhoudsniveau:
- Ik heb een benchmark gevonden voor het salaris van die functie. Dit blijkt de bandbreedte voor een starter.
- Als ik bij collega's in mijn functie navraag doe over de leasevergoeding, dan merk ik dat ik zeker 50 euro per maand lager zit.
- Je had het over afspraken die we moeten maken als ik die opleiding ga doen. Wil je eens aangeven wat die zijn?
- Waar baseer je het aantal van 25 vrije dagen per jaar op?
- Is er een bijdrage in de ziektekosten?
- Voor mij zijn flexibele starttijden erg belangrijk. Ik wil 's ochtends tussen 8.30 en 9.00 uur beginnen.

Inhoudelijke bijdragen als hierboven kun je uiteraard met een bepaalde intonatie ook een boodschap op samenwerkingsniveau laten zijn. Denk achter de vraag 'Waar baseer je het aantal van 25 vrije dagen per jaar op?' het woordje 'sukkel' en het is een andere boodschap. De uitingen zijn hier als puur inhoudelijke zetten bedoeld. Immers, als je iets over de samenwerking te zeggen hebt, dan doe je dat expliciet. Toch?

PROCEDURENIVEAU

In een onderhandeling is het van belang afspraken te maken over de organisatie van het gesprek. Wie zit voor, wat is de agenda, wat is het doel van dit gesprek: willen we een deal of zijn we nog wat aan het verkennen, hoeveel tijd hebben we?

Naast deze afspraken, die je doorgaans voorafgaand aan het gesprek maakt, is het ook tijdens het gesprek handig om wat procedurele instrumenten op zak te hebben. Hoe kun je als het gesprek wat in cirkels draait de zaak weer vlot trekken, hoe kun je zoeken naar andere oplossingen als je niet dichter tot elkaar lijkt te komen, hoe kun je een dreigende impasse afwenden of er juist induiken?

Uitingen op procedureniveau:
- Ik wilde vandaag tot een overeenkomst komen. Wat is jouw doel?
- Wat zijn voor jou de agendapunten waar we het over moeten hebben?
- Ik wil graag het eerst over salaris praten en daarna over verlof. Akkoord?
- We hebben tot 15.30 uur?
- Volgens mij hebben we over werktijden gezegd wat er te zeggen is. Zullen we daarover nog niks beslissen en eerst naar de vrije dagen kijken?
- Zullen we samenvatten wat we tot nu toe gezegd hebben en dan even kort pauzeren?
- Zullen we met twee scenario's verder werken: één met jouw salarisbod en één met mijn vraag? Dan kunnen we eens kijken hoe dat combineert met andere elementen.
- Nou, ik ben bekaf. Even pauze?
- Ik heb veel nieuws gehoord. Eigenlijk wil ik wel even contact opnemen met het thuisfront voor wat ruggespraak ...

Je merkt dat procedurevoorstellen veel weg hebben van voorzittersgedrag. Dat is geen truc of spel waarin je dominant wilt zijn, maar een technische zet om het gesprek optimaal te organiseren. Je kunt het vragend doen en akkoord vragen (contracteren) of wat expressiever zijn en het stellend doen. Toon je verantwoordelijk voor de kwaliteit van het gesprek en vaardig als gesprekspartner.

> De organisatie van het gesprek regelen en er mede verantwoordelijk voor zijn, is een manier van sturen. Je trekt daarmee het gesprek deels naar je toe. Ook toon je je verantwoordelijk voor het gesprek.

SAMENWERKINGSNIVEAU

In de onderhandeling laat jij zien wie jij bent, hoe je de ander ziet en hoe je de samenwerking ziet. De ander doet dat ook. Dat kan bestaan uit informeren naar elkaars welzijn, bij een lastig punt aankondigen dat het wellicht wat gevoelig ligt of opmerken dat er volgens jou wat spanning in het gesprek gekomen is en dat je eraan hecht na te gaan waar dat vandaan komt. Het kan ook gaan om een sneer, een steek onder water of een expliciete diskwalificatie.

Dit is het meest persoonlijke niveau, waar niet iedereen zich even soepel in beweegt, terwijl als er spanning in gesprekken heerst het altijd om spanning op samenwerkingsniveau gaat. Immers, een inhoudelijk geschil los je gewoon op, maar het gevoel niet gehoord te worden los je niet zomaar op.

Uitingen op samenwerkingsniveau:

- Ik merk dat ik het lastig vind die vraag zo te beantwoorden.
- Je zegt dat nu voor de tweede keer. Dat is belangrijk voor je?
- Fijn dat we het over dat punt zo snel eens zijn.
- Ik vind het plezierig dat je voor dit gesprek zo ruim de tijd wilt nemen. Het is voor mij een belangrijk gesprek.
- Je valt me voor de tweede keer in de rede. Ik wil graag uitpraten.
- Ik heb net aangegeven dat ik 4 × 9 uur wil werken en jij bent even stil. Wat betekent dat?
- Luister je eigenlijk wel? Ik heb al twee keer gezegd dat ...

Krijg je de kriebels van dit soort zinnetjes? Klein-RIAGG? Schoenen uit en knuffelen? Of zijn het uitingen die bij volwassen arbeidsverhoudingen horen? De een is explicieter over de samenwerking, extroverter in het uiten van zijn gevoelens dan de ander. Je zult ook ervaren hebben dat er in spannende gesprekken veel gebeurt op dit niveau. Daarmee is het voor een onderhandeling van belang te zorgen dat de samenwerking crescendo verloopt.

Na een uitleg over het samenwerkingsniveau stelde Patrick, een 36-jarige programmeur, koeltjes: 'Oké, dat samenwerkingsniveau is dus eigenlijk *alignen* en werkt als een *enabler* voor de *content*.

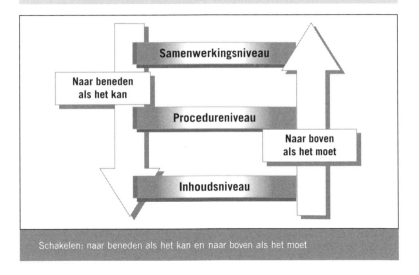

Schakelen: naar beneden als het kan en naar boven als het moet

Doorgaans loopt een gesprek achtereenvolgens door de niveaus heen:

- de samenwerking: kennismaking, praatje, bijpraten, koffie, ijsbreker of energizer;
- de procedure: rol- en taakverdeling, agenda, eindtijd, procedure;
- de inhoud: punten worden besproken en komen tot een conclusie, waarna het volgende punt wordt opgepakt.

En weer terug:

- de inhoud: samenvatting van wat is afgesproken en besloten;
- de procedure: wat geregeld moet worden, wordt afgesproken, vooruitkijken naar volgende sessie, eventueel afspraak prikken;
- de samenwerking: evalueren, praatje, informele nazit.

Bij deze volgorde hebben we één regel: je mag pas naar beneden als het kan en je moet naar boven als dat nodig is. Dus je mag pas van het samenwerkingsniveau naar de procedure als er geen wezenlijke problemen meer zijn op dat samenwerkingsniveau. Immers, als er geen vertrouwen is of als er spanningen zijn, dan zal dat merkbaar worden als ze geen expliciete aandacht krijgen en daarmee de voortgang van het gesprek gaan hinderen. Dat geldt ook, zij het in minder ingrijpende mate, voor procedurele onduidelijkheid. Als de rolverdeling onduidelijk is of de agenda of het doel onduidelijk is, zal dat de voortgang gaan frustreren.

Stel, er is een onderhandeling gepland met je leidinggevende over werktijden. Echter, in de laatste projectbespreking heb je van diezelfde persoon ongezouten feedback gekregen en daar reageerde jij weer korzelig op. Dat is niet nabesproken. Als je dan weer met elkaar om de tafel gaat zitten, is het raadzaam eerst de lucht te zuiveren. Onuitgesproken spanningen zullen, als het gesprek dat volgt spannend wordt, de kop opsteken. En wellicht bepalen ze dan de inzet van die leidinggevende ten aanzien van jouw verzoek om minder te gaan werken ...

Je loopt even binnen bij je leidinggevende en klaagt over je slechte notebook en dat je PDA ook alsmaar beroerder wordt. Je leidinggevende reageert en stelt dat dat allemaal maar eens op een rijtje gezet moet worden en dat ook met andere teamleden maar eens besproken moet worden wat de basisuitrusting moet zijn. Je kunt dit begrijpen als een procedurevoorstel: bereid het voor, trek het gesprek breder en agendeer het. Als je dan doorgaat met klagen en aandringt op snelle vervanging, dan mis je dat signaal. Als je erop ingaat, loopt het al anders: 'Ik begrijp dat je er systematischer naar wilt kijken, maar ik ben het eigenlijk nu wel beu. Hoe doen we dat?'

Voorbeeld 1
Signalen op samenwerkingsniveau worden niet opgepakt

LG = leidinggevende

Jij	Henk, kan ik even binnenkomen?	Procedure	Organisatie van het gesprek: tijdstip
LG	Ja, ga je gang.	Procedure	
Jij	Mijn PDA en mijn laptop worden echt slecht. Op batterijen doet het spul het slecht en het valt snel uit. Laatst was ik weer van alles kwijt. Dat moet echt anders. Met dat spul kan ik niet op pad!	Inhoud Samenwerking	Het onderwerp wordt meteen aan de orde gesteld Emotie en beleving spelen een rol
LG	Tja, het wordt langzaam ook weer wat ouder.	Inhoud	Reactie gaat door op het onderwerp en niet op de emoties
Jij	Nou, zeg dat wel.	Samenwerking	Emotie
LG	Zet het eens op papier en dan bespreken we jouw voorstel met het team.	Procedure	Afkappen inhoudelijke bespreking én niet erkennen emoties maar voorstel voor organisatie en verloop gesprek doen
Jij	Dat duurt weer eeuwen. Ik wil nu iets anders.	Samenwerking	Emotie blijft kop op steken zolang die niet erkend wordt
LG	Nou, we kunnen het volgende maand agenderen en dan een afspraak maken ...	Procedure	LG gaat door op 'zijn' niveau, maar 'Jij' zit nog op samenwerking. LG had de niveau's gelijk moeten trekken
Jij	Laat maar!	Samenwerking	Emotie
LG	Oké. Ik zal eens peilen of meer mensen ontevreden over de spullen zijn.	Procedure	Organisatie gesprek

Voorbeeld 2
Signalen op samenwerkingsniveau worden opgepakt

LG = leidinggevende

Jij	Henk, kan ik even binnenkomen?	Procedure	Organisatie van het gesprek: tijdstip
LG	Ja, ga je gang.	Procedure	
Jij	Mijn PDA en mijn laptop worden echt slecht. Op batterijen doet het spul het slecht en het valt snel uit. Laatst was ik weer van alles kwijt. Dat moet echt anders. Met dat spul kan ik niet op pad!	Inhoud Samenwerking	Het onderwerp wordt meteen aan de orde gesteld Emotie en beleving spelen een rol
LG	Tja, het wordt langzaam ook weer wat ouder.	Inhoud	Reactie gaat door op het onderwerp en niet op de emoties
Jij	Nou, zeg dat wel.	Samenwerking	Emotie
LG	Zet het eens op papier en dan bespreken we het met jouw voorstel voor wat nodig is in het team.	Procedure	Afkappen inhoudelijke bespreking én niet erkennen emoties maar voorstel voor organisatie en verloop gesprek doen
Jij	Dat duurt weer eeuwen. Ik wil nu iets anders.	Samenwerking	Emotie blijft kop op steken zolang die niet erkend wordt
LG	Nou, we kunnen het volgende maand agenderen en dan een afspraak maken ...	Procedure	LG gaat door op 'zijn' niveau, maar 'Jij' zit nog op samenwerking. LG had de niveau's gelijk moeten trekken
Jij	Wacht even, ik merk dat ik me erger. Het feit dat wij met slechte spullen naar de	Samenwerking	Feedback over wrijving en voorstel voor wat je dan wel wilt

	klant moeten, ben ik beu. Ik merk dat jouw voor-stellen mij te procedu-reel zijn. Ik wil graag erkenning van de urgentie.		
LG	Ja, nu je het zegt merkte ik wel dat je geïrriteerd was. Maar ik wilde niet zomaar een actie uit-zetten.	Samenwerking	Terugkijken op wat er gebeurde en aangeven waarom je doet wat je doet
Jij	Dat snap ik.	Samenwerking	
LG	Maar goed, onze spullen moeten jou geen energie kosten.	Samenwerking	
Jij	Inderdaad. Maar wat zullen we doen?	Overgang naar procedure	Voldoende aandacht voor beleving en nu kijken hoe we verder gaan met de kwestie
Et cetera			

1

Inhoudsniveau

SAMENVATTING

Een onderhandeling gaat ergens over. Dat wat op de agenda staat en waar een deal over gemaakt moet worden, is het inhoudsniveau van de onderhandeling. In dit deel gaat het over die inhoud: hoe korn je tot beslissingen, wat zijn haalbare beslissingen, waar zet je op in, et cetera.

Deel I Beslissingen nemen:
- Wat wil je nu en in de nabije toekomst?
- Wil je verbonden of geboeid worden?
- Hoe ziet jouw personal brand eruit?

Deel II Over inzetten:
- Blue sky bargaining versus weg met mij
- Wat is je streefpunt, weerstandspunt/struikeldraadlimiet?
- BAZO: stel dat je er nu eens niet uitkomt?
- Package deals of één agendapunt?
- Van positie naar belang

Deel III Argumenteren in onderhandelingen
- Rationaliseer en bespreek aannames
- Transformationele of transactionele argumenten
- Wettelijke argumenten
- Wat heb je in huis en STAR het

Deel IV Waarover onderhandel je?
- Tijd
- Geld
- Ontwikkeling

Uitgangspunt in de tekst is dat jij je inzet bepaalt en onderhandelt met een leidinggevende die zijn inzet daartegenover zet. Er zijn uiteraard organisaties die ogenschijnlijk minder vrijheidsgraden kennen: dichtgetimmerde CAO's, gedetailleerde bedrijfsregelingen die centraal vastgesteld worden, een salarishuis met strenge regels voor bewoning en verhuizing, wakkere ondernemingsraden en vakbondsvertegenwoordigers die waken voor correcte toepassing van alle zwaar bevochten verworvenheden en HR-officers die zich persoonlijk eigenaar tonen van minutieus geregelde beoordelings- en beloningscycli. Toch moet het uitgangspunt zijn dat in elk gesprek een unieke oplossing voor jouw wensen gevonden moet worden. Alle regels kennen grijstinten en marges. Alle systemen staan afwijkingen naar boven en naar beneden toe. Waar een wil is ... En vergeet niet dat gelijke gevallen gelijk behandeld moeten worden én ongelijke gevallen ongelijk.

Leidinggevenden zullen wel altijd nagaan of een beloning voor de een kan leiden tot spanningen in het team. Immers, wat de een krijgt is wel eens aanleiding voor de ander om het eigen pakket weer eens kritisch te bekijken.

In de ICT in tijden van krapte op de arbeidsmarkt kwamen nieuwe krachten met een matige opleiding en nauwelijks werkervaring met hoge salarissen binnen. De junioren en medioren die al in dienst waren, voelden zich gedevalueerd. Zij hadden een passende opleiding en alle stappen van de functie van laag tot hoog doorlopen. Dat leidde tot onvrede, pittige discussies met leidinggevenden en onmiddellijk vertrek. Een aantal kwam bij de leidinggevende terug als freelancer.

Deel I: Beslissingen nemen

WAT WIL JE NU EN IN DE NABIJE TOEKOMST?

Op het moment dat je een arbeidsvoorwaardenonderhandeling voorbereidt, is de vraag wat je wilt. Ga je als een CAO-onderhandelaar alle aspecten van je pakket doorrekenen en overal minnen en plussen aan hangen? Of heb je maar één of twee items die er toe doen en is de rest prima? Of maakt het niet zoveel uit: wat ik nu verdien en een beetje erbij.

Wat je nu wilt, is nog wel in kaart te brengen. Misschien is het lastig enkele jaren vooruit te kijken. Maar toch is het belangrijk je af te vragen of je wensen mogelijk gaan veranderen: is het denkbaar dat je minder wilt werken, minder wilt reizen, meer wilt verdienen? Je mag ervan uitgaan dat je niet elk jaar je arbeidsvoorwaarden helemaal op zijn kop zet. De beoordelingscyclus komt doorgaans één keer per jaar langs en grote sprongen in beloningen zijn vaak ongebruikelijk. Het is ook logisch als je een zwaar opleidingstraject ingaat met coaching dat het dan wat onverwacht komt als je het jaar daarna minder uren wilt werken en flink minder verantwoordelijkheid wilt. Aan opleidingen met een fiks prijskaartje zit ook nogal eens een beding vast dat je terug moet betalen als je binnen bepaalde tijd de onderneming verlaat. Kortom, kun je nu al voorzien welke kant jouw baan en je wensen voor je loopbaan en arbeidsvoorwaarden opgaan?

In *PW* stond in juli 2006 een artikel over een bank die werknemers in de gelegenheid stelt om maandelijks arbeidsvoorwaarden opnieuw vast te stellen. Het systeem van arbeidsvoorwaarden is een à la carte oftewel cafetariasysteem, waarbij de medewerker voor een bepaald bedrag arbeidsvoorwaarden kan uitkie-
zen. Dat betekent bijvoorbeeld óf meer loon óf meer vrije tijd.
Hoe geavanceerder deze systemen, hoe minder er onderhandeld
hoeft te worden.

Misschien ben je in je eentje niet in de gelegenheid zo'n systeem te introduceren, maar gooi eens een balletje op bij
management, HR en ondernemingsraad.

WIL JE VERBONDEN OF GEBOEID WORDEN?

Een oriëntatie op wat je wilt, is de vraag of je iemand bent die verbonden of geboeid wil worden. Bruel en Colson (*De geluksfabriek*, M. Bruel
en C. Colson) onderscheiden twee benaderingen die bepalend kunnen
zijn voor het psychologisch contract, dat is de soort relatie die je met je
organisatie aangaat.

Binden gaat uit van de idee dat:
1   een onderneming met medewerkers een langeretermijnband aan-
    gaat;
2   die onderneming een gemeenschap is met gezamenlijke normen
    en waarden, waar medewerkers bij willen horen en waaraan zij een
    bijdrage willen leveren;
3   medewerkers trots zijn op de onderneming en er een 'wij-gevoel' is;
4   de onderneming authentiek is in haar missie en identiteit en daar-
    over met medewerkers in gesprek is.

De gezamenlijke waarden kunnen liggen op het maatschappelijke vlak,
maar kunnen ook veel concreter zijn, zoals het maken van een kwali-
teitsproduct waar iedereen voor staat. Medewerkers die eraan hechten
voor langere tijd deel uit te maken van die onderneming, hebben niet
zozeer een onderhandelende relatie met de onderneming, maar voelen

zich mede-eigenaar van de onderneming, ook al hebben zij geen aandelen en dergelijke.

Bij een nadruk op binden, kan dit leiden tot een missionaire organisatie, waarbij de ondernemingsdoelen veel belangrijker zijn dan individuele doelen en waarbij mondigheid of onderhandelen ertoe leidt dat er spanning ontstaat.

Het is zowel mogelijk dat een onderneming mensen wil binden (hechten aan loyaliteit, bijdrage leveren aan de cultuur en langetermijndoelen) als dat medewerkers verbonden willen worden (deel van de gemeenschap willen zijn). Maar niet iedereen zoekt binding met zijn werkomgeving; voor veel mensen is werk niet meer dan een noodzakelijk iets en zij zullen pogingen om binding op te bouwen door de organisatie als vervelend kunnen ervaren als het te veel gepusht wordt.

Jij: Ik draai nu twee jaar mee en ik merk dat ik graag
                      meer wil bijdragen aan de organisatie. Ik zit nu voor-
                      al op de uitvoering en ik wil op de een of andere
                      manier meer bij innovatie en ontwikkeling betrokken
                      zijn. Ook wil ik meer betekenen in de samenwerking
                      met anderen.
Leidinggevende: Ik vind dat wel wat vroeg.
Jij: O?
Leidinggevende: Je kunt nog zoveel leren in dit werk.
Jij: Dat is ook zo, maar ik wil nadrukkelijker meer bijdra-
                      gen dan alleen door het werk en de omzet. Ik mis dat
                      op dit moment te veel. Ik kom op te grote afstand.

Boeien gaat uit van de idee dat medewerkers willen groeien en zich willen kunnen ontwikkelen. Zolang dat het geval is, is de inzet maximaal. Als die prikkel weg is, moet er een andere uitdaging komen. Medewerkers hechten in deze benadering niet aan de onderneming, missie of de zekerheid bij een onderneming oud te worden, maar willen geprikkeld, geboeid worden. Medewerkers zijn mondig en managen hun eigen loopbaan. Naast de arbeidsinhoud zijn ook arbeidsvoorwaarden een belangrijk onderdeel van geboeid zijn. De 'boeiende' onderneming legt zich toe op het prikkelen en uitdagen van het talent.

Door de nadruk op boeien te leggen, kan de onderneming een *talentpool* worden die ingezet wordt als er vraag is. In zo'n onderneming kan een discussie over 'wat bindt ons' of 'waartoe is deze organisatie op aarde' als wereldvreemd betiteld worden. Ook kan er nogal een instabiele relatie tussen medewerker en onderneming ontstaan: de waan van de dag is bepalend (onderneming eist groei en ontwikkeling van medewerkers; de medewerker eist constante prikkeling van de onderneming).

Het is zowel mogelijk dat een onderneming mensen wil boeien (projectmatige inzet, korte contracten, weinig vast salaris en veel variabel) als dat medewerkers geboeid (onderhandelen over projecten en klussen) willen worden. Het is zelfs zo dat iedereen boeiend werk wil, alleen verschilt de invulling daarvan per persoon: voor de een is boeiend bijvoorbeeld parttime, voor de ander is het een snelle carrière.

Jij:	Ik zit nu al zes maanden in deze functie en, eerlijk gezegd, ken ik het trucje nu wel. Het begint naar routine te smaken. Ook krijg ik geen nieuwe feedback van klanten meer. Ik denk dat het tijd is om mijn portefeuille deels te vernieuwen en ik wil graag meer naar buiten.
Leidinggevende:	Ik zie daar nu niet veel ruimte voor. Ik denk dat je geduld moet hebben.
Jij:	Dat is niet mijn sterkste kant. En dat weet je.
Leidinggevende:	Tja
Jij:	Zal ik zelf intern eens wat gaan shoppen? Ik heb al eens met wat projectleiders gebabbeld en die zien wel wat in me.

Hoe ziet jouw personal brand eruit?

Een andere manier om uit te vinden wat je in je loopbaan wilt, is te vinden in het begrip *personal branding* (*Het merk ik ®*, H. van Zwieten & M. v.d. Grift of *Personal branding*, Frank Kwakman). Jij als merk, dus.

Hoe maak je van jezelf een sterk merk dat op de arbeidsmarkt of voor je werkgever aantrekkelijk is? Kun je een bepaald thema oppakken, een specialisme ontwikkelen, kun je je een bepaald instrument of methodiek eigen maken, binnen een bepaalde sector specialiseren? Hoe duidelijker je keuze, hoe gerichter je je ontwikkelt en hoe makkelijker het aan je (aanstaande) werkgever te communiceren is.

> ▶ Wat maakt jou tot een sterk merk? Welke beslissingen neem jij? Wanneer wil je waar staan? Wat betekent dat voor tijd, geld, klanten, projecten, studie, coaching ...

Voor een onderhandeling is het niet alleen handig te weten wat je wilt; een analyse van jouw personal branding geeft daar argumenten en verdieping bij.

Jij: Ik wil me specialiseren in loopbaanbegeleiding voor de zakelijke dienstverlening. Ik heb daar tot nu toe veel in gedaan, maar wat af en aan. Nu wil ik dat tot speerpunt maken. Dat betekent dat ik binnen dat veld ten minste één account wil beheren en minstens 50% van mijn omzet daarin wil halen. Ook denk ik aan een opleiding om met name mijn coachingsgesprekken weer wat verder aan te scherpen.

Leidinggevende: Oké, dat is een duidelijk pakket wensen.

Jij: Ik zie veel kansen in de petrochemische industrie. Ik denk dat we daar te weinig in doen. Ik wil daar een bepaalde tijd mijn volledige aandacht aan geven en kijken wat ik daar aan *leads* en *prospects* kan ontdekken.

Leidinggevende: Interessant idee. Hoe stel je je inzet voor?

Jij: Ik wil weg uit het project waar ik nu inzit. Het is veel standaard- en routinewerk. Ik loop daar echt helemaal vast.

Leidinggevende: Het is wel omzet ...

Jij:	Zeker, en fors ook. Maar ik denk dat ik, als ik een junior introduceer en zelf meer de regie doe, binnenkort elders geplaatst kan worden.
Leidinggevende:	Ik zie wat je wilt. Ik heb dan alleen tijdelijk twee krachten op één betrekkelijk kleine klus zitten.

Soms zal jouw idee over wat je wilt prima samenvallen met kansen die de organisatie biedt. Soms ook niet: jouw beslissing kost tijd en geld, jouw beslissing leidt op korte termijn tot minder omzet, de kansen die jij ziet zijn niet algemeen aanvaard of jouw beslissingen passen niet in strategische beslissingen die de organisatie neemt. Jij wilt specialist zijn, terwijl de organisatie generalisten wil. Jij wilt vakman worden en de tijd nemen voor opdrachten, terwijl er druk is op kwaliteit en steeds meer kostenafwegingen bepalend zijn. Dan kan een keuze voor *personal branding* betekenen dat je op termijn niet bij de organisatie wilt blijven.

▶ In *De zeven eigenschappen van effectief leiderschap* stelt Stephen Covey dat de eerste eigenschap van autonomie een proactieve opstelling is. De tweede eigenschap is begin met het einde, heb het einddoel voor ogen:

- Waar wil je over één en drie jaar staan?
- Hoe luidt jouw persoonlijke missie?
- Wat moeten we over je zeggen als je hier over drie jaar weggaat?
- Wat moeten je collega's in je prijzen over een jaar?
- Wat kenmerkt jou over drie jaar?

De derde eigenschap is begin bij het begin: wat is de eerste stap op weg naar jouw doel?

Deel II: Over inzetten: hoog, laag, grenzen en stel dat

BLUE SKY BARGAINING VERSUS WEG MET MIJ

Een van de lastigste punten bij onderhandelen is de vraag wat je doel is. Waar ligt je boven- en ondergrens als het gaat om salaris of bijvoorbeeld vrije dagen? Uiteindelijk bepaal jij of je tevreden bent of niet. Of je tevreden bent, heeft voornamelijk te maken met verwachtingen.

tevredenheid over de uitkomst = de uitkomst – je verwachting

Bij te hoge verwachtingen zul je nooit tevreden zijn en bij te lage verwachtingen altijd. Zorg dat je een goede analyse maakt en bepaal dan of je dat als maximum of minimum beschouwt.

Voor de analyse ga je te rade bij salariskompassen, beloningsbureaus, zoek je advertenties voor vergelijkbare functies en bekijk je de salarissen, raadpleeg je P&O'ers in jouw veld et cetera. Zie ook verderop in dit deel. Een te lage eerste positiekeuze (zie Procedureniveau) kan de ander het gevoel geven dat je jezelf tekortdoet. Dat kan als een zelfdiskwalificatie ('weg met mij') gezien worden.

Een buitenissige eerste positiekeuze kan als zelfoverschatting opgevat worden. Het wordt 'blue sky bargaining' (op niks gebaseerde positiekeuze) als je je positiekeuze niet kunt verdedigen. Zorg dus dat je altijd kunt aangeven waarop je je eis baseert. Hoe onafhankelijker de bron en hoe groter de autoriteit, hoe terechter je claim is. En door bronnen te hebben, laat je zien dat je voorbereid bent.

Een leidinggevende zat eens te mopperen over al die jonge mensen die hij de laatste tijd had aangenomen en die allemaal dachten dat ze heel wat voorstelden. 'Poststudentikoze zelfoverschatting' was zijn term. Hij had op zich niks tegen zelfvertrouwen, maar miste bij een aantal junioren het gevoel dat je met een goede studie, een goede scriptie en stage er nog niet bent. Echt samenwerken met echte klanten waar je zelf verantwoordelijk voor bent is lastig. Alle complimenten van stagebegeleiders en afstudeerbegeleiders ten spijt.

HR-officer Celine baalt nog. Na drie gesprekken en een positief assessment is er met een kandidaat een arbeidsvoorwaardengesprek. De kandidaat, een starter, vraagt 5000 euro per maand. Celine is met stomheid geslagen. Zij had 2700 in gedachten. Normaal vraagt ze altijd in het eerste gesprek een indicatie van het jaarsalaris, dan mag de kandidaat dat melden met allerlei slagen om de arm, en nu was dat erbij ingeschoten. Celine baalt van alle tijd en moeite die het gekost heeft én van het beeld dat de kandidaat nu heeft van de werving.

▶ Zorg dat je bronnen en argumenten hebt voor je claim. Leg de hoogst verdedigbare claim neer. Als de claim verdedigbaar is, moet de ander er eenzelfde gefundeerde bron tegenoverstellen. En het laat zien dat je voorbereid bent.

WAT IS JE STREEFPUNT, WEERSTANDSPUNT/STRUIKELDRAADLIMIET?

Elke partij kan zijn streefpunt vaststellen. Dat is het punt dat zij willen bereiken. Dat punt is geen slag in de lucht, maar de hoogst verdedigbare wens. Door het woordje 'verdedigbare' moeten er argumenten te geven zijn voor de eis. Doorgaans openen partijen met een hogere eis dan het streefpunt met als doel wisselgeld te hebben. Aangezien het gebruik is, weet iedereen ook dat de eerste eis niet de laatste is. Tenzij iemand expliciet aangeeft — en dat niet als truc gebruikt — dat hij zijn *final offer first* doet.

Tegenover het streefpunt staat het weerstandspunt, ook wel de *dealbreaker* of de struikeldraadlimiet. Daar wil je per se niet onder komen, dan is geen overeenkomst nog beter. Het kan ook dat het mandaat van de onderhandelaar daarop wordt vastgesteld en dat er bij het bereiken van het weerstandspunt opnieuw overleg nodig is.

Als twee partijen hun weerstandspunt (WP) en streefpunt (SP) vastgesteld hebben, is daarmee de onderhandelingsruimte vastgesteld. Hoe smaller de marge tussen weerstandspunt en streefpunt, hoe kleiner de kans is dat je de ander wat kunt bieden. Immers, je kunt nauwelijks een concessie doen of je zit op je weerstandspunt.

A gaat onderhandelen over vrije dagen met als streefpunt (SP) 28 dagen en als weerstandspunt (WP) 24 dagen. De leidinggevende (LG) heeft als SP 25 dagen en als WP 27. De onderhandelruimte ligt dus tussen 24 en 27, want de een wil niet minder krijgen dan 24 en de ander niet meer geven dan 27. De 28 van A zijn voor LG onbespreekbaar maar het minimum van 24 van A is gelukkig lager dan wat LG wil geven.

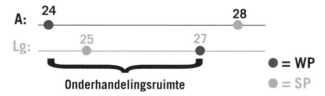

De onderhandelingsruimte zit tussen het maximum van de gever / betaler en het minimum van de ontvanger

Mocht je struikeldraadlimiet in zicht komen en mocht je het gevoel hebben dat de ander daaronder wil gaan zitten, dan wordt het spannend. Overweeg te melden dat je limiet in zicht is, overweeg te schorsen, stel voor een nieuwe afspraak te maken, stel dat als het bod zo laag blijft het voor jou betekent dat je niet verder wilt praten.

BAZO: STEL DAT JE ER NU EENS NIET UITKOMT?

BAZO staat voor het beste alternatief zonder overeenkomst. Oftewel: wat zijn je walk-away alternatives of BATNA (Best Alternative To a Negotiated Agreement)? Stel dat je niet tot een deal komt? Op een bepaald moment in de onderhandeling kan het bod van de ander te laag zijn of kan het bod zelfs achterwege blijven.

Een goed beeld van je BAZO geeft je een idee of je:
- harder moet onderhandelen, de inzet moet verhogen. Mocht dat tot spanning leiden, dan is dat geen punt voor jou;
- moet schorsen om je te beraden. Immers, je dreigt minder te krijgen dan je wilde en je wilt nog geen 'ja' of 'nee' zeggen;
- moet opgeven. Je gaat je doel niet halen en wilt spanningen verder vermijden.

Ga ook na wat de BAZO is van de leidinggevende: dat jij met minder motivatie gaat werken, dat je vertrekintentie toeneemt, dat je aan collega's vertelt dat het allemaal niet deugt ... Mocht jij tot de onfortuinlijke groep medewerkers behoren van wie het vertrek niet betreurd wordt (dan zullen we jouw carrière hier niet langer in de weg staan), dan heb je helaas niet zoveel te onderhandelen.

We maken een onderscheid tussen onderhandelen voor een nieuwe baan en onderhandelen binnen een bestaande werkrelatie. Onderhandelen voor je nieuwe baan moet het einde van het begin zijn. Onderhandelen binnen een werkrelatie moet niet het begin van het einde zijn, tenzij dat nu juist je weloverwogen inzet is.

EINDE VAN HET BEGIN
Wie zijn arbeidsvoorwaardengesprek heeft na een sollicitatietraject weet dat de aanstaande werkgever hem graag wil. Hoe graag, dat moet

nog vast komen te staan, maar de intentie is positief. Er is geld gestopt in werving, in tests, de organisatie heeft wat van zichzelf laten zien, er zijn gesprekken met collega's geweest, dus alles is erop gericht de aanstaande relatie goed te laten beginnen. Het arbeidsvoorwaardengesprek is dan ook het einde van het begin; de laatste stap voordat je echt onderdeel van de organisatie bent.

Als je tijdens het omzien naar een nieuwe baan veel positieve signalen hebt gekregen van werkgevers weet je dat je marktwaarde goed is. Plus die positieve aandacht versterkt het zelfvertrouwen en dat gevoel van eigenwaarde is zeker zo belangrijk voor je gesprek. Ook positieve uitslagen van een assessment zijn als het ware taxatierapporten van je talent. Niet langer beweer jij dat je doelgericht bent, maar de assessor stelt dat vast.

Maak een portfolio waarin je vaststelt wat je waarde illustreert en ga daarbij na op hoeveel plaatsen je die waarde kunt verzilveren. Heb je nog aanbiedingen, heeft je vorige werkgever bij je vertrek gezegd dat je vooral contact moet houden? Wat ons betreft is het niet erg subtiel om bij een begin van een werkrelatie te dreigen met elders aan de slag gaan. Het staat toch wat haaks op je vlammende betoog tijdens je sollicitatie waarom je nu juist hier wilde werken. Veel werkgevers zijn ook allergisch voor dit soort disloyaliteit: je wilt graag bij ons werken of niet. Het zijn strategieën die meer passen bij een auto of keuken kopen, waarbij de wat robuustere middelen ingezet worden. Maar het kan verkeren. Dus weet wat je waard bent. Weet waar je je waarde kunt verzilveren en als het niet anders kan, maak er melding van.

BEGIN VAN HET EINDE?

Op het moment dat je als medewerker met je leidinggevende gaat onderhandelen, moet je nagaan wat je gaat doen als je niet tot een deal komt of niet tot de deal komt die je voor ogen staat. De vraag is hoe vurig je wens is om te krijgen wat je wilt. Als je per se minder wilt werken omdat je anders onmogelijk je zorgtaken geregeld krijgt of je kunt onmogelijk langer voor dat salaris die verantwoordelijkheid dragen, dan is geen deal het begin van het einde: je zult vertrekken zodra die kans zich voordoet. Wellicht heb je al alternatieven onderzocht of je licht opgestoken bij andere werkgevers. De vraag is of het psychologisch contract dan niet al onherstelbare schade heeft opgelopen en vertrek onvermijdelijk is.

Als het geen 'erop of eronder'-gesprek is, is het meteen ook lastiger vast te stellen wat je kunt doen als je niet tot een deal komt. Dreig je met vertrekken, terwijl je dat niet wilt? Meld je je ziek? Ga je met minder inzet werken? Bezin je vooraf op wat je inzet wordt.

Een BAZO melden?

Bereid je ook voor op de vraag of je je BAZO meldt in het gesprek. Je kunt je voorstellen dat je daarmee nog één keer probeert een concessie los te krijgen. Als je nu niet meebeweegt, dan ... Er zijn twee nadelen aan deze aanpak: het dreigen kan als een wat stevige onderhandelingstechniek ervaren worden én de ander kan zeggen dat hij het prima vindt als je eens elders gaat kijken of je gaat bezinnen op de vraag of jouw toekomst nog wel in dit bedrijf ligt.

Als je door je limiet heen moet, die je vooraf gesteld hebt, dan zit er maar één ding op: niet tot een deal komen. Op dat moment is het aan jou om bedenktijd te vragen of om ter plekke vast te stellen dat je op een wezenlijk punt toch niet tot elkaar zult komen.

> ▶ 'Een rondje rotonde', zo noemen Buchel en De Bruine in *LEF!* het overwegen van opties en het doordenken van de consequenties. In de voorbereiding op een gesprek, maar zelfs tijdens een gesprek in een pauze, kan het goed zijn om de rotonde en de voor jou mogelijke afslagen eens goed te bekijken en de wegen waar ze naartoe leiden eens te overdenken. Neem niet de eerste – want misschien niet de beste – afslag.

Package deals of één agendapunt?

Als je onderhandelt kun je één agendapunt hebben, bijvoorbeeld werktijden aanpassen, of een heel pakket willen afspreken. Dat laatste is met

name aan de hand als je voor een nieuwe functie het pakket doorneemt.
Het voordeel van een pakket is dat je wat kunt spelen met onderdelen:
op één punt pak je winst en op het andere doe je een concessie.
Uiteraard zul je ook in pakketten je zwaartepunten hebben. Als voor jou
primaire arbeidsvoorwaarden essentieel zijn, dus keiharde cash, dan
zullen ouderschapsverlof en pc-privé jou een zorg zijn.

Als je over een pakket gaat onderhandelen, markeer ook dan de zaken
die voor jou essentieel zijn. Ga voor niet-essentiële zaken na waar je
minimum ligt. Stel dat je geen bijzondere vakantiewensen hebt, dan zal
het wettelijk minimum – het aantal dagen per week dat je werkt maal
vijf is het aantal vakantiedagen per jaar – volstaan.

Essentieel voor een package deal is dat je pas aan het eind van het
gesprek een deal sluit. Je verkent eerst zo veel mogelijk opties en combinaties en stelt nadrukkelijk besluitvorming uit. Meld aan het begin
van het gesprek dat dat jouw opzet is. Als een van de twee tussendoor
op één item een deal wil sluiten, dan is dat not done. Dat lijkt op *cher-
rypicking*: je kunt een snel voordeeltje halen en kiest een onderdeel uit
een pakket en rept niet over de andere aspecten van het pakket.

Het blijkt in gesprekken moeilijk om lang beeldvormend te werken en
besluitvorming uit te stellen. De verleiding is groot als aardig duidelijk
is waar je elkaar kunt vinden om meteen maar tot een overeenkomst te
komen. Maar de allerbeste overeenkomst en het gevoel dat je de beste
hebt, komt toch pas als je die potentiële overeenkomst 'parkeert' en
vaststelt wat nog meer mogelijk is.

VAN POSITIE NAAR BELANG: DE MANIER OM RUIMTE TE CREËREN IN GESPREKKEN

Ook als je één punt hebt om over te onderhandelen, kun je nog flexibel
zijn. Dat kan door van 'een positie innemen' te verschuiven naar 'over
belangen praten'. Denk na waarom je wilt wat je wilt en hoe je dat kunt
realiseren. Hoe meer manieren er zijn, hoe flexibeler je kunt zijn en
hoe groter de kans op succes. Soms kun je niet flexibel zijn, omdat je je
doel maar op één manier kunt realiseren:

- Ik wil de woensdag vrij hebben = ook écht alleen de woensdag en dan de hele woensdag en ook geen mail of telefoon tussendoor.
- Ik wil meer salaris = ik heb geen behoefte aan waardering, onkostenvergoedingen, eenmalige extraatjes maar gewoon meer geld per maand.

Positie	Belang
Ik wil vier maal negen uur werken.	Ik wil meer tijd voor reflectie en niet alle werkdagen op het werk zitten. Ik zou ook geholpen zijn met meer vrije dagen achter elkaar, een substantieel deel van de week thuiswerken.
Ik wil meer acquisitie doen.	Ik wil meer verantwoordelijkheid in het werk, meer contact met klanten en sterker meebepalen wat de opdracht wordt en wie 'm krijgt. Ik zou ook in accountteams kunnen zitten of meer met een senior kunnen meelopen.

Zie ook de bijdrage hierover onder Procedureniveau over win-win-onderhandelen.

Deel III: Argumenteren

ARGUMENTEREN IN DE ONDERHANDELING

Per item waarover je kunt onderhandelen worden hierna argumenten en tegenargumenten aangegeven. Enkele algemene opmerkingen vooraf worden later in de tekst uitgewerkt.
- Rationaliseer waar mogelijk. Emoties spelen een rol, maar kunnen argumentatie verwarrend maken. Daar waar emoties een rol spelen, adresseer ze dan direct en los van de inzet van de onderhandeling.
- Als de ander aannames maakt, ga daarop in en benoem ze.
- Transactionele argumenten gaan in op de ruil die je maakt. Voor wat

hoort wat, is het motto. Dat zijn argumenten die met name de nuchtere, calculerende leidinggevende aanspreken.

- Transformationele argumenten gaan in op de houding die je in het werk hebt. Dat zijn argumenten die vooral de leidinggevende die hecht aan inspiratie en betrokkenheid zullen aanspreken.
- Wetgeving die je wens steunt, kan je betoog objectiveren. Maar het kan ook overkomen alsof je formeel in elkaar zit.
- Gebruik je competenties en talenten als argument om aan te geven waarom jij aan de hoge kant van wat kan moet zitten.
- Vergelijken met anderen is niet zonder gevaar. Uiteraard ligt het voor de hand dat je bij je onderzoek naar wat reëel is, zoekt naar collega's in vergelijkbare situaties. Dat is gerechtvaardigd. Maar let op dat je argument niet overkomt als 'Waarom hij wel en ik niet', want de kans bestaat dat daar erg goede argumenten voor zijn. Daarnaast lijkt het jammeren: 'Ik heb het misschien niet verdiend, maar als hij het krijgt, dan wil ik het ook.' In de ene organisatiecultuur is gelijkheid belangrijker dan in de andere. In een sterk regelgeleide cultuur waar iedereen elk jaar een periodiekje stijgt zijn afwijkingen moeilijker voor elkaar te krijgen en sneller een precedent, dan in erg individuele culturen waarin praktisch iedereen andere arbeidsvoorwaarden heeft. Kortom, gebruik referentiegegevens om een basis op te bouwen maar let op dat je argumenten gericht zijn op waarom jij het verdient.
- Pas op met dreigen en negatieve argumenten. Die kunnen communicatief schade toebrengen en het is zeer wel mogelijk dat de ander jouw dreigement – waarmee je bluft – serieus neemt. En is de medewerker die onder spanning zo vinnig reageert wel de droomkandidaat?

Het kan zijn dat je in je onderhandeling gefrustreerd raakt door de opstelling van de leidinggevende. Resolute weigering, te weinig naar je luisteren, verwijten maken of een karikatuur maken van je standpunt kunnen je het bloed onder de nagels vandaan halen. Zie ook in het deel over Samenwerking wat je kunt doen met weerstand. Daardoor zijn je argumenten misschien wat emotioneler:

- Als ik mijn zin niet krijg, dan werk ik minder gemotiveerd.
- Als ik niet minder mag werken, doe ik ook geen stap meer dan strikt nodig is.

46

- Als ik geen opslag krijg, ga ik solliciteren.
- Als ik niet flexibeler kan werken, moet ik me wel vaker ziek melden.
- Als ik geen zwaardere opdrachten krijg, ga ik me vervelen en wordt mijn inzet slechter.

Deze argumenten zullen je doorgaans niet verder helpen. In het beste geval pikt de leidinggevende je irritatie op en benoemt die zodat je het erover kunt hebben. In het slechtste geval stelt je leidinggevende dat als je er zo over denkt je daar vooral conclusies aan moet verbinden.

Cees stapte bij de directeur binnen om een salarisverhoging te vragen. De directeur stond bekend als een man van uitersten: voor diegenen die hij mocht deed hij alles en voor degenen die hij niet mocht was hij onmogelijk. Cees meldde dat hij meer wilde verdienen. De directeur weigerde kortaf: 'Nee.' Cees wilde nog wat zeggen, maar de directeur beëindigde het gesprek ('nee betekent nee'). Kwaad wegbenend riep Cees dat hij misschien maar eens een andere baan moest gaan zoeken. Een week later komt de directeur bij Cees en vraagt hem droogjes of hij al een andere baan heeft.

► Bereid je voor op tegenargumenten. Wees zo rationeel mogelijk. Als er emoties en spanningen in het spel zijn, reageer dan niet inhoudelijk maar ga naar het samenwerkingsniveau. Zie 'Omgaan met weerstand' in deel III van Samenwerkingsniveau.

BIJ TEGENARGUMENTEN: RATIONALISEREN

Vraag door en probeer de redenering te begrijpen. Ga na wat de motieven zijn en orden ze. Reageer vooral niet allergisch.

Leidinggevende: In die functie kan 4 × 9 uur niet.
Jij: Waarom niet?
Leidinggevende: Je moet bereikbaar zijn. En anders zie ik je nooit.

Jij:	Hoezo 'nooit'?
Leidinggevende:	Voor je het weet loop je elkaar mis: die is er dan niet, die dan en niemand is er op vrijdag et cetera.
Jij:	En dat vind je bij 4×9 een risico?
Leidinggevende:	Eén hele dag ben je er dan niet. En anderen zijn er weer een andere dag niet.
Jij:	Dat gebeurt nu toch ook wel eens?
Leidinggevende:	Ja. En met al die parttimers is het lastig vergaderen.
Jij:	Wacht even. Eerst die bereikbaarheid en dan vergaderen. Ik ben er dan één dag niet en als er echt paniek is, kun je bellen, hoor.
Leidinggevende:	Bellen?
Jij:	Nou ja, niet zomaar. Laten we anders een proefperiode afspreken. Dan kunnen we via voicemail en mailtjes meten wat ik mis en wat daarvan spoedeisend was.
Leidinggevende:	Misschien is dat een idee, maar let op: dit is een afspraak die wij maken en die niet voor iedereen geldt.
Jij:	Dat is aan jou om te beoordelen.
Leidinggevende:	Oké
Jij:	En dan het vergaderen. Dat is ook een knelpunt aan het worden?

> ▶ Het is makkelijker gezegd dan gedaan: rationaliseer. In therapeutische stromen als NLP en RET vind je handvatten. Oefen eens een gesprek en ga na of je in staat bent de valkuilen van woede, irritatie en dergelijke te vermijden.

BIJ TEGENARGUMENTEN: AANNAMES

Een folder van het Ministerie van Sociale Zaken en Werkgelegenheid die over thuiswerken gaat, toont een man met een kind op schoot die licht aangebrand een kind dat op de grond speelt toespreekt. Het hele tafereel speelt zich af op een krappe, slecht verlichte zolderkamer, met een levensgrote droogmolen vol was. De Rabobank heeft een vergelijk bare brochure gehad die thuiswerken afbeeldde met erg veel kinderen en rommel. Eén voorbeeld van beelden die hardnekkig kunnen blijken te zijn in onderhandelingen. Immers, onderzoek toont aan dat thuiswerkers doorgaans beter en langer (sterker nog: te lang) werken.

Managers hebben ook nogal eens de behoefte medewerkers te zien. Niet met een bijzonder doel, maar gewoon zien. Dat geeft een gevoel van controle en beheersing. Medewerkers merken ook wel eens ironisch op als ze op kantoor een rondje gaan lopen dat ze even *face time* maken: gezien worden.

Probeer aannames en beelden in een gesprek bespreekbaar te maken. De manager die behoefte heeft aan *grip* en controle zal thuiswerken graag wat SMART'er aan willen pakken dan de manager die voornamelijk werkt vanuit vertrouwen.

SMART is een ezelsbrug om te controleren of doelen of afspraken voldoende concreet zijn. Elke letter van SMART staat voor een check die je uit kunt voeren.

Is de afspraak:
- Specifiek?
- Meetbaar?
- Aanwijsbaar?
- Realistisch?
- Tijdgebonden?

Bij Procedureniveau 'Formuleren van een deal en afspraken maken' wordt SMART met een voorbeeld uitgelegd.

Transactionele argumenten en transformationele argumenten

Als je argumenten aandraagt waarom je wilt wat je wilt of argumenten geeft die het voor de leidinggevende interessant maken jou te faciliteren, dan zijn er globaal gezegd twee soorten argumenten:
- Transactionele argumenten: de ruil staat centraal; voor wat hoort wat. Jij neemt meer vrije dagen en de leidinggevende krijgt daarvoor terug dat jij je committeert aan een aantal doelstellingen en garandeert dat het werk af is.

- Transformationele argumenten: de relatie die je hebt, verandert; de nadruk ligt op langetermijnprofijt dat niet zo concreet uit te drukken is. Jij gaat minder werken en hebt daardoor meer afstand van het werk, meer rust in je werkweek en kunt wat je doet beter doen. Daardoor voel je je beter. Bij deze argumenten kun je de ruil niet precies in kaart brengen.

WETGEVING ALS ARGUMENT

Wetgeving kan je wensen objectiveren. Zo is er een Wet aanpassing arbeidsduur die stelt dat werknemers recht hebben een verzoek in te dienen om meer of minder te werken. Als er een wet is, dan is dat wat vastgelegd is kennelijk een maatschappelijk aanvaarde kwestie. Immers, politiek gezien was er de wens de wet te maken en na behandeling in de Kamers is het rondgekomen. Zo'n wet geeft dus aan dat wat je wilt courant is.

Het risico van wetgeving aandragen is dat je wellicht als formalistisch of als iemand van 'het boekje' gezien wordt. Met name in erg concrete en actiegerichte bedrijfsculturen kan het gevoel zijn dat je moet onderhandelen op eigen kracht en je niet achter regeltjes of wetten moet verschuilen.

Bij het gebruik van wetten kan dat leiden tot een gesprek over formaliteiten: wat staat er precies, geldt dat wel, kun je het niet anders uitleggen? Als het gesprek in een woordenstrijd en procedureel gedoe verzandt, adresseer dat dan op samenwerkingsniveau. Bijvoorbeeld:

Leidinggevende: Maar als ik die wet goed lees, mag ik om zwaarwegende bedrijfseconomische redenen weigeren?
Jij: Ja.
Leidinggevende: Nou, dan doe ik dat bij dezen.
Jij: Wat zijn die redenen dan?
Leidinggevende: Moet ik dat toelichten? Waar staat dat ik dat moet?
Jij: Ik geloof dat wat die wet voorschrijft nu erg bepalend wordt. Zullen we het niet gewoon hebben over wat jij van mijn wens vindt?

Een belangrijk deel van de argumenten om je doel te halen, moet voortkomen uit wat jij in te brengen hebt aan kennis, talenten, vaardigheden, competenties of hoe je dat ook wilt noemen. Er zullen geen organisaties zijn die je persoonsgegevens in een spreadsheet invullen en hupsakee je arbeidsvoorwaarden rollen eruit. Al willen HR-officers je dat wellicht doen geloven als ze de onderhandelingsruimte willen beperken.

Kortom, een van de argumenten om te scoren is aangeven wat jij kunt. (Zie ook 'Resultaten uit het verleden' waarin aangegeven wordt welke concrete zaken je kunt aanhalen om te verwijzen naar je kunnen.) Als je wilt aangeven wat jij inbrengt, kun je die sterke kanten of competenties die jij hebt én die relevant zijn voor de functie onder de aandacht brengen.

Voorkom dat je in algemeenheden over competenties praat. Wat betekent 'Ik ben erg sociaal' of 'Ik heb uitstekende communicatieve eigenschappen'? Alleen al tussen spreken en luisteren is een wereld van verschil. En luisteren kun je ook op veel manieren: emoties oppikken, analyseren van een betoog, iemand helpen ordenen. Er zijn lijsten met competenties in literatuur over competentiemanagement te vinden zodat je concreter over talenten kunt praten. Er is een onderscheid tussen sociabiliteit (vermogen om vlot contacten te leggen), luisteren (de belangrijkste boodschap oppikken uit het gebodene) en bijvoorbeeld empathie (laten merken dat je gevoelens onderkent).

Als je de juiste term hebt, die voor jou uitdrukt wat jij kunt en die voor de ander concreet genoeg is om snel een beeld te hebben, dan is het zaak bewijzen te leveren. Immers, het is makkelijk gezegd dat je flexibel bent, maar waar blijkt dat uit? In dit geval zijn prestaties uit het verleden wél garanties voor de toekomst. Geef dus voorbeelden van situaties die zo relevant mogelijk zijn om te bewijzen dat je flexibel bent. Let op dat de keuze van de situatie ook iets zegt over je realiteitszin. Als je jezelf flexibel vindt omdat als de trein een keer niet gaat je bereid bent de bus te nemen, dan is dat een erg alledaagse vorm van flexibiliteit. Als je aangeeft dat tijdens je afstudeerstage de onderneming waar je werkte zwaar reorganiseerde en je begeleiders vertrokken en de afdeling waar je werkte opgeheven werd en het jou toch lukte een relevant onderzoek te doen waar de onderneming en je opleiding wat aan hadden, dan hebben we het echt ergens over. Maar nog liever hebben we het over werksituaties, want hoe pittig opleidingen ook kunnen zijn, het is toch niet de ruwe werkelijkheid van betaalde arbeid.

> ▶ Oefen je verhaal en vraag aan degene aan wie je het vertelt of de competentie bij jou past en of het verhaal bij de competentie past.

Degenen die de voorbereiding liefst detailleren, kunnen STAR'en. Bouw je verhaal op aan de hand van elk van de letters van STAR. In onderstaand voorbeeld is het doel te illustreren dat je over overtuigingskracht beschikt.

- ▪ Wat was de situatie?
  Ik maakte deel uit van een werkgroep die een excursie naar een kantorencomplex georganiseerd had om ons te oriënteren op nieuwe kantoorconcepten. We zouden een aantal medewerkers meenemen en eens samen door die accommodaties lopen en zien wat opviel. Daarna zouden we in een korte vergadering impressies uitwisselen en zien of er steun was voor een van de concepten.
  Op het afgesproken moment verschenen de vijftien medewerkers niet, maar wel twee OR-leden die namens die medewerkers kwamen vertellen dat de medewerkers bang waren geïntimideerd en omgepraat te worden en dat collega's die anti waren ze lastig zouden vallen. Dus geen excursie.

- ▪ Wat was je taak?
  Ik was werkgroeplid. Ik hoorde dat we zouden gaan verbouwen en dat er een werkgroepje zou komen om eens wat onderzoek te doen naar kantoorconcepten. Een MT-lid zou voorzitten.

- ▪ Welke actie ondernam je?
  De voorzitter van de werkgroep suggereerde dat we toch zouden gaan, maar ik wilde eerst meer weten van de twee woordvoerders.

Toen zij niet veel meer konden aangeven dan wat ze al hadden gezegd, heb ik gezegd dat wat mij betreft er dan maar eerst met de medewerkers die uitgenodigd waren hier vergaderd moest worden. Ik heb aangeboden ze te bellen. Dat vond de werkgroep goed en aldus geschiedde.

- Wat was het resultaat van jouw actie?
De meesten kwamen snel, bij twee moest ik goed luisteren en doorvragen en heb ze zodoende toch overgehaald en één iemand weigerde. Dat vond ik een prima score. In die sessie hebben we verkend waarom mensen zich niet veilig voelden. Dat was een goed gesprek en voldoende aanleiding om nog niet naar buiten te gaan maar eerst eens intern een reeks gesprekken te voeren.

> ► STAR eens een eigenschap van je. Of vraag iemand die je kent het eens te doen en help diegene met vragen stellen vanuit STAR.

Wat pleit in je voordeel?

Let op waar je jezelf mee vergelijkt. Als je net afgestudeerd bent en je hebt als werkervaring bijbaantjes en een afstudeertraject, dan is dat een mooie start. Vergelijk wat jij in huis hebt dan ook niet met iemand die vijf jaar werkervaring heeft. Je gaat ook niet voor dezelfde functie of voor hetzelfde salaris.

Als starter op de arbeidsmarkt is het vaak in je voordeel als:
- je evenementen en bijeenkomsten hebt georganiseerd;
- je een netwerk hebt opgebouwd en actief gezocht hebt contacten te leggen;
- je voor een budget verantwoordelijk bent geweest;
- je actief bent geweest in medezeggenschapsorganen;
- je in het buitenland gestudeerd of gewerkt hebt;
- je bestuurlijk actief bent geweest gedurende langere tijd, waarbij de aard van de vereniging of stichting minder belangrijk is dan dat je een tijd lang de verantwoordelijkheid voor het reilen en zeilen op je hebt genomen;

- je uit je tempo en cijfers blijkt dat je de diepte in kunt;
- je buiten de gebaande paden hebt gezocht naar stages en een afstudeertraject;
- je met eigen geld ondernemer bent geweest, op hoe kleine schaal ook;
- je gepubliceerd hebt en redactiewerk gedaan hebt;
- je congressen en seminars buiten het reguliere curriculum bijgewoond hebt en er liefst een bijdrage aan geleverd hebt;
- je feedback hebt gehad op jouw sterke en zwakke punten en je die met begrip kunt uitleggen. Het is excellent als je al stappen hebt ondernomen om aan de zwakke punten te werken.

Als junior pleit in je voordeel:
- als je jouw sterke en zwakke punten kent en daar met voldoende reflectie over kunt praten;
- als je je met je sterke punten voldoende zeker voelt;
- als je aanwijsbare verbetering in je zwakke punten hebt aangebracht;
- als je inhoudelijk deskundig bent;
- als je collegiaal actief bent;
- als je een begin van een eigen thema of eigen onderwerp hebt;
- als je commercieel vaardig bent en weet wat je sterke en zwakke punten daarin zijn.

Een erg sterke pre is als je niet alleen een juichverhaal over je sterke punten kunt houden (en zorg dat je dat kunt) maar dat je ook je zwakke punten kent. De makkelijkste manier om drie zwakke punten (ook niet in doorslaan) te vinden, is je sterke punten wat doortrekken. Stel, je bent daadkrachtig en ondernemend, dan zul je zo ook wel eens zijn als het eigenlijk niet zo handig is. Dus ben je wel eens drammerig, ongeduldig en moet je leren nog meer tijd te nemen voor het creëren van draagvlak.

Deel IV: Waarover onderhandel je?

ZZP'ER OF FREELANCEN

In de tekst is het uitgangspunt dat je binnen je aanstelling zoekt naar oplossingen. Maar steeds vaker gaan medewerkers die de grenzen van de organisatie te strikt vinden uit dienst om dan als freelancer of ZZP'er (= zelfstandige zonder personeel) diensten aan te bieden aan onder anderen de oud-werkgever. Dat is een spannende stap, want je wordt wel zelfstandig ondernemer. Maar toch is het een ideale manier om met maximale vrijheid te werken. Als die oplossing je interesseert, verken dan eens in je organisatie en met externe raadgevers wat daar zoal bij komt kijken.

ONDERHANDELEN OVER TIJD

Tijd is een *hot item*. De een wil meer werken en de ander minder, de een wil meer werken per dag om een dag per week vrij te zijn (4×9) en weer een ander wil een substantieel deel van de week thuiswerken of zelf kunnen bepalen wanneer hij werkt. De 'negen tot vijf'- mentaliteit is verleden tijd. Echter, veel managers hebben nog steeds de behoefte mensen te zien.

> ▶ Beheersgerichte managers hebben nogal eens de neiging aanwezigheid als harde eis te hebben en zelfs als graadmeter voor loyaliteit te zien. Managers die liever sturen op betrokkenheid kunnen ook op output managen en hangen minder aan hoe die output tot stand komt. En met wie heb jij het genoegen?

Als managers een gevoel van toezicht willen hebben, wordt elk gesprek over tijd lastiger dan wanneer er een nuchtere outputgerichte manier van denken is: jij en ik weten wat je taken zijn en als die in orde zijn, dan kan er nooit een probleem zijn. Ook is nog steeds verbazingwekkend hoeveel functies niet parttime of in een duobaan zouden kunnen. En dan zijn het niet de managers maar juist de medewerkers die leidinggevenden of seniors op afroep willen kunnen spreken. Maar als iemand in bespreking of op cursus of ziek is, dan wordt er niet gemopperd. Je moet werktijd kunnen bespreken zonder dat je daarmee een gebrek aan loyaliteit verweten wordt of dat de suggestie wordt gewekt dat je de kantjes eraf loopt.

Daar waar er in de cultuur of in de omgang met elkaar inflexibele, ouderwetse normen gelden, wordt een gesprek over werktijd hoe dan ook moeilijker. Probeer het gesprek rationeel te houden en probeer aannames boven water te krijgen.

Tekenen dat er een aanwezigheidscultuur is:

- Vroeg komen en laat weggaan, ook als dat niet rationeel is. Bijvoorbeeld: Hans woont in Tilburg en werkt in Den Bosch. Hij komt een woensdagochtend even binnen en gaat na vijf minuten weer weg. 'Afspraak in Breda' ...
- Zichtbaar zijn: door de gang lopen, opvallend parkeren, begroeten.
- Uren en lange dagen maken zijn vaak onderwerp van gesprek op een opschepperige manier.
- In gesprekken met het management wordt vaak over tijd gepraat op een opschepperige manier.
- 'Grapjes': wie om drie uur vertrekt krijgt te horen: 'Vrije middag?' en wie parttime werkt krijgt op dinsdag al te horen 'Prettig weekend'. Lacherige reacties op thuiswerken of eerder weggaan.

Goshall en Bartlett geven in een artikel over leiderschap en HR aan dat zij zien dat ondernemingen die goed functioneren een verschuiving hebben ondergaan van aandacht voor *strategy, structure* en *systems* naar *purpose* (de zin of missie van de organisatie), *process* (hoe gaan we met elkaar om) en *people* (het menselijk talent). Dat wil zeggen dat het management zich concentreert op het managen van betrokkenheid in plaats van te zoeken naar beheersing. Als mensen en processen centraal staan, dan is tijd onderhandelbaar. Als structuur en systemen dominant zijn, dan zullen ook opvattingen over tijd rigide zijn.

> ▶ In de ene organisatie zal het bespreken van een besturingsfiloso-
> fie of humanresourcesvisie interessant worden gevonden en in de
> andere vindt men het theoretisch gezwets. Het kan echter wel
> eens werken om een werkje dat je zelf inspirerend vindt cadeau
> te doen aan een leidinggevende.

INZET IS MINDER WERKEN

Minder uren per week, minder uren per dag, meer flexibiliteit: dat zijn
doelen die je voor de onderhandeling kunt hebben.

WAAROM WIL JE WAT JE WILT?

Zorg dat je weet wat de achtergrond van je wens is. Ga ook voor jezelf
na of je echt staat voor die wens en niet te makkelijk gaat twijfelen.
Nogal wat medewerkers willen én zorgtaken oppakken én een mooie
loopbaan. Dat kan ook, maar als een werkgever dat als een tegenstelling
ervaart, gaat de een sneller twijfelen dan de ander. Zorg dat je overtuigd
bent van je wensen en het belang ervan. Oefen een gesprek aan de keukentafel, met een collega, coach of vriend.

In *Carp* verscheen dit jaar een artikel onder de kop 'Bang voor de baas'
met als strekking dat werknemers niet durven vragen om een kortere
werkweek. De leidinggevende zal het uitleggen als disloyaal gedrag, een
echte carrière bouw je niet op in deeltijd et cetera. Een erg dominante,
ouderwetse visie op werk. Zie ook Samenwerkingsniveau: 'Boeien
en/of binden', bladzijde 171.

Otto is net weer aan het werk, na wat dagen vrij om bij de geboorte van zijn tweede kindje te kunnen zijn. Voor zijn verlof had hij afgesproken vier dagen in plaats van vijf te gaan werken. De werkdruk was echter al hoog, dus het waren al vijf erg lange dagen. Bij het bespreken van de taken die overgedragen moesten worden, is een aantal projecten aangewezen dat Otto gaat overdragen. Sommige wilde hij niet kwijt, want die zijn te interessant. De projecten die hij gaat overdragen heeft hij nog niet overgedragen, want ze waren in een cruciale fase of de beoogde projectleider was niet vrij. De afgelopen – vrije – dagen heeft hij het nodige via mail en telefoon moeten regelen. De projecten die hij wel blijft doen, lopen ook niet allemaal even goed. Hij moet eigenlijk overal ter plekke zijn. De start is op zijn zachtst gezegd rommelig.

Overigens is het loon wel al aangepast aan de nieuwe afspraak van vier dagen werken.

De *near-fulltimer* is een medewerker die voor zorgtaken een dag vrij neemt, maar in de praktijk een volle werkweek maakt. De werkdagen worden langer en de vrije dag is maar al te vaak niet helemaal vrij ... Je levert dus wel salaris in, maar krijgt er weinig ruimte voor terug.

Het is mogelijk dat je voor zorgtaken, maatschappelijke taken, studie, sport et cetera meer tijd wilt hebben. Maar het kan ook dat je niet wilt dat je werk een zo groot deel van je week uitmaakt als nu.

Hoe kun je het realiseren?

- Een kortere werkdag: later beginnen en/of eerder klaar zijn om kinderen weg te brengen, meer rust in de werkweek te hebben, verkeersdrukte te vermijden, maatschappelijke taken in de avonduren te kunnen vervullen.
- Minder dagen: van vijf naar vier of drie werkdagen om een hele dag zelf in te kunnen vullen.
- Minder dagen, maar langere dagen: in vier dagen 36 uur maken in plaats van over vijf dagen verspreid om een hele dag zelf in te kun-

nen vullen en minder reistijd per week te hebben.

- Een (langere) aaneengesloten periode/sabbatical: voor studie, reizen, reflectie, intensief coachingstraject.
- Een vaste vrije dag per week.
- Flexibiliteit van dag tot dag: per dag zelf bepalen hoe je je uren maakt, eventueel met een vast aantal uren per dag of per week.
- Formeel teruggaan in het aantal uren dat je werkt, maar dezelfde werkweek maken en dan je te veel gewerkte uren in een aantal dagen of in een week opnemen.

> Bert werkt als cursusleider. Het is druk werk, zeker in piekperioden. Bert heeft behoefte aan meer tijd voor reflectie en afstand tot het werk. Eén dag inleveren zal in de praktijk lastig zijn: de dagen zijn toch al lang en Bert weet van zichzelf dat hij bij interessante opdrachten zijn vrije dag makkelijk zal opgeven. Om toch ruimte te creëren werkt Bert formeel 32 uur – en krijgt daar dus salaris over – en in de praktijk 40 uur of meer. Per maand of twee maanden neemt Bert zijn te veel gewerkte uren op en is hij meerdere dagen vrij. In de praktijk werkt dat voor Bert goed. En de werkgever is tevreden, want Bert levert salaris in én is toch goed inzetbaar. Dat Bert in de rustige tijden langer weg is, komt de werkgever ook wel goed uit. Dan is er toch weinig declarabels te doen.

Het is uiteraard makkelijker onderhandelen als over de manier waarop je meer tijd wilt nog te praten is. Als het jou om het even is of je twee keer een middag of een keer een dag of elke dag twee uur ruimte krijgt, heb je meer speelruimte in het gesprek. Als na een keukentafelonderhandeling vast is komen te staan dat jij de woensdag thuis moet zijn, wordt je speelruimte aanzienlijk kleiner.

WAT BIED JE AAN?

TRANSACTIONELE ARGUMENTEN
- De makkelijkste ruil is dat jij minder gaat werken en dus ook min-

der loon krijgt. Dat zal bij netto minder uren maken niet altijd te vermijden zijn. In functies die veel vrijheid kennen en die zich erg lenen voor het vaststellen van targets is dat niet altijd nodig.

> Elze werkt full time, maar werkt dinsdagsochtends altijd thuis en is 's middags niet bereikbaar. De ochtend is ze thuis om de kinderen weg te brengen en te halen voor de lunch. De middag brengt ze met haar kinderen door. Tussendoor kan ze wel wat werken. Echter, haar functie is er een waarin ze veel 's avonds werkt en als er deadlines zijn ook in het weekend. Zij en haar leidinggevende zijn overeengekomen dat het 'dinsdagarrangement' niet belemmerend is voor het halen van een fulltime-target.

- Bereidheid op andere dagen langer te werken. Een 40-urige werkweek of een 36-urige werkweek zijn op verschillende manieren in te vullen. Langere dagen kunnen een manier zijn om een dag of dagdeel vrij te spelen. Vier maal negen uur is een bekende variant.

- Thuiswerken, telewerken, op andere locaties werken. Soms kan het tijd besparen om niet naar kantoor te hoeven gaan. Je hebt in elk geval geen reistijd en kunt doorgaans geconcentreerder werken. Uit onderzoek blijkt dat thuiswerkers vaak langer werken: er wordt eerder begonnen en later doorgewerkt en soms 's avonds laat opnieuw gestart.

- Output definiëren en doelen stellen in plaats van uren te maken. Het management staat voor de opdracht van beheersingsgericht managen te gaan naar betrokkenheidgericht management. Daarbij hoort dat aanwezigheid en direct toezicht of controle minder effectieve instrumenten om te managen zijn dan het maken van afspraken over output en verwachte bijdragen.

- Per maand een vast aantal uren maken met ruimte per week om beslissingen te nemen. Eventueel gecombineerd met een bloktijd, waarin je er altijd bent. Bijvoorbeeld van 9.30 tot 14.30 uur ben je er, maar hoeveel ervoor en erna je er bent, is flexibel in te vullen. Met name het argument dat je niet bereikbaar voor overleg of voor klanten bent, wordt dan minder van belang.

- Een duobaan waarin het duo verantwoordelijk is voor overdracht en continuïteit. Mocht je samen met iemand anders een baan in kunnen vullen, dan kan dat een prima oplossing voor minder werken zijn. Het vraagt wel overdracht en afstemming binnen het duo, maar dat is op te lossen.

- Afspraken over bereikbaarheid (mail en telefoon) tijdens afwezigheid. Hiermee wordt je afwezigheid minder absoluut en heb je dus ook minder de tijd aan jezelf. In sommige organisaties wordt van sommige medewerkers verlangd dat ze ook als ze vrij zijn toch telefonisch bereikbaar zijn. In deze tijd is dat een zware eis, die niet altijd rationeel is. Als je als enige een functie hebt waar de bedrijfsvoering vanaf hangt, dan kan je bereikbaarheid veel uitmaken. In de meeste functies is dat niet zo zwart-wit. En als je een opleiding volgt of ziek bent, ben je er ook niet ...
Je kunt ook afspreken dat je niet voortdurend bereikbaar bent, maar een of twee keer per dag mail of voicemail controleert of even contact legt. Nogmaals, hiermee is een deel van de ruimte die je wilde weg.

- Voorkomen van storingen en ad hoc geregel elke week. Je kunt ook benadrukken dat vrij zijn en het geregeld hebben, voorkomt dat je moet haasten en moet improviseren. Dat kan leiden tot te laat komen, bellen dat je verhinderd bent, vrije dagen opnemen, calamiteitenverlof aanvragen et cetera. Nadeel van deze argumentatie is dat het als dreigement opgevat kan worden.

Transformationele argumenten
- Waardevol worden voor de organisatie door ontwikkeling op andere terreinen en wat afstand tot het werk. Wie weer gaat studeren of tijd neemt voor reflectie komt tot inzichten en oplossingen en een werkhouding die je niet zomaar ontwikkelt als je maar door blijft werken. Naast uitbreiding van kennis en vaardigheden kan een opleiding

ook een wat algemenere meerwaarde hebben: een frissere blik op je werk. Erg ingrijpende coachingstrajecten leiden er nogal eens toe dat iemand van functie of werkgever wil veranderen, dus dat kan de keerzijde zijn. Bij opleidingen is het gebruikelijk om afspraken over kosten te maken. Zie ook bladzijde 136.

▪ Je houdt meer rust in je werkweek. Je hebt een betere balans en kunt aandacht en tijd geven aan meer dan alleen het werk. Die zaken die voor jou van belang zijn, komen niet in het gedrang.

▪ Je zult je werkgever als een moderne werkgever zien als hij je faciliteert in je behoeften om anders te werken of zelfs het werk tijdelijk niet op nummer één te zetten.

▪ Naast je werk zijn ook andere zaken van belang (ontwikkeling, zorg, afstand, rust) die serieus genomen moeten worden. Als je werkgever dat erkent, ziet hij je kennelijk niet alleen als werknemer maar als een collega die ook andere belangrijke rollen en doelen heeft.

Wettelijke argumenten

▪ Verwijs naar wettelijke verplichtingen die de werkgever heeft. Soms zijn er bij die wettelijke verplichtingen faciliteiten. We nemen hierna een blokje op met wettelijke faciliteiten die bestaan. De wetgever heeft de afgelopen jaren nadrukkelijk duidelijk gemaakt dat werk en zorg te combineren moeten zijn. Naast concrete instrumenten die de wet geeft (Wet aanpassing arbeidsduur, Calamiteitenverlof) geeft de wet ook een mentaliteit aan: er moet te praten zijn over manieren om werk anders in te richten dan fulltime.

Mogelijke tegenargumenten

In een gesprek over minder werken kan de werkgever het een en ander inbrengen. Bereid je voor op mogelijke tegenwerpingen.

- *Dat kan niet in jouw functie.*
  Rationaliseer: waarom niet, welke taken van mijn functie komen dan in gevaar, wat is de meerwaarde van veel aanwezig zijn, is fysieke aanwezigheid het enige middel, kan het in mijn functie niet of kan ik het niet?
  Las als compromis een proefperiode in en evalueer zelf. Betrek eventueel anderen in die evaluatie. Stel wel vooraf vast waarop je wilt evalueren.

- *Dan ben je onvoldoende bereikbaar/onbereikbaar.*
  Voorkom dat een woord als 'onbereikbaar' gebruikt wordt. Bestrijd dat en geef aan dat die term veel te zwaar is.
  Rationaliseer: waarom is dat 'onvoldoende', in drukke tijden ben ik ook minder bereikbaar, voor wie moet ik bereikbaar zijn, wat zijn de verwachtingen van die groepen over mijn bereikbaarheid.

- *Woensdag is hier de vergaderdag en dat kunnen we niet veranderen.*
  Stel voor te onderzoeken of dat voor iedereen ook echt de ideale dag is en wat de bereidheid is om te wijzigen. Voorkom dat gewoonte en routine bepalend zijn.

- *Thuiswerken, dat werkt toch niet. Thuis heb je allerlei onrust en je hebt geen direct contact met collega's.*
  Vraag door naar de aannames die bestaan over 'allerlei onrust' en leg uit hoe jij thuiswerken voor je ziet.
  Het gemis van collega's is deels te compenseren door mail en telefoon, maar dat vervangt het live contact zeker niet. Dus in functies die veel overleg en afstemming vragen, kan het reëel zijn dat thuiswerken niet de beste optie is. Heb je veel schrijf- en leeswerk, dan is het argument niet erg treffend.

- *Ik heb een dergelijk verzoek bij anderen ook afgewezen.*
  Zie jouw vraag om in jouw unieke situatie tot een oplossing te komen als een uniek geval. Uiteraard zijn er kaders en regelingen, maar de toepassing is een managementverantwoordelijkheid.
  Gelijke gevallen worden gelijk behandeld en ongelijke gevallen

ongelijk. Dus als een eerdere uitspraak de leidinggevende en jou bindt, ga dan wel na of die situatie identiek is.

- *Dat is tegen het centrale beleid.*
Dring aan op maatwerk: wat is voor jou van toepassing? Als centraal beleid dit inderdaad 100% verbiedt, dan is het aan jou en je leidinggevende om op centraal niveau in overleg te gaan. Biedt de regeling ruimte, maak dan duidelijk dat het een managementverantwoordelijkheid is om positie te nemen.

- *Als je dat wilt, kun je niet meer die zware projecten doen.*
Dit kan opgevat worden als een dreigement. Is dit een dreigement of een manier om de discussie abrupt te beëindigen, dan is het zaak op samenwerkingsniveau een opmerking te maken. Dat kun je doen door een vraag te stellen:

Voor jou staat minder werken gelijk aan niet serieus ingezet kunnen worden? Vanwaar die conclusie?

Of door een opmerking te maken:
Als jij stelt dat ik geen zware projecten meer kan doen, krijg ik het gevoel dat ik me diskwalificeer als medewerker met dit verzoek. Ik wil open over werktijden kunnen praten.

- *Waarom springt je partner niet bij?*
Hiermee treedt de werkgever in je privésituatie. Voor de een zal dat niet zo'n punt zijn en voor de ander is dat een inbreuk op de privacy. Het is wel zo dat als je tijd voor zorgtaken wilt, je daarmee onvermijdelijk komt te spreken over privézaken. Bepaal zelf in hoeverre je dit onderwerp aan wilt snijden. De een zal aangeven wat de partner doet en wat jij doet, terwijl de ander zal aangeven dat het nu gaat om wat jij wilt en dat dat het onderwerp moet zijn.

- *Dat getuigt niet van commitment/loyaliteit.*
Is dit een dreigement of een manier om de discussie abrupt te beëindigen, dan is het zaak op samenwerkingsniveau een opmerking

te maken. Zie boven.

■ *Het kan nu niet.*
Is dit een inhoudelijke opmerking, dan is het een kwestie van doorvragen: waarom niet, wanneer wel, waar hangt van af wat opportuun is, kun je daar ook anders over denken? Is dit een manier om de onderhandeling af te kappen, dan is het zaak weer naar het samenwerkingsniveau te gaan.

LET OP

Als je salaris inlevert heeft dat consequenties voor andere arbeidsvoorwaarden. Soms wordt bijvoorbeeld lease duurder als je parttime werkt. Dan wordt bijvoorbeeld de bijdrage van de werkgever voor een 80% aanstelling ook 80% van de gebruikelijke bijdrage. Ga na welke voorwaarden afhankelijk zijn van de omvang van je aanstelling en ga na of het reëel is of je achteruitgaat.

Als je minder salaris krijgt, heeft dat ook consequenties voor zaken waarbij het salaris de grondslag is: pensioen, loondoorbetaling bij ziekte, WW.

WETTELIJKE KADERS

De wetgever heeft een aantal wetten opgesteld die te maken hebben met werk en tijd. De Arbeidstijdenwet geeft een aantal normen die de Arbeidsinspectie kan toetsen. Daarnaast zijn er verlofmogelijkheden waar een medewerker een beroep op kan doen in bijzondere situaties. Zoals hierboven al aangegeven, is naast de letter van de wet (de mogelijkheden die een regeling biedt) ook de geest van de wet van belang: werk en andere zaken (zorgtaken, maatschappelijke taken, tijd voor ontwikkeling) moeten te combineren zijn.

In aanvulling op wetgeving kunnen in CAO's aanvullende regelingen opgenomen zijn. CAO's zijn normen die door werkgeversorganisaties en werknemersorganisaties op bedrijfstakniveau overeengekomen worden en die iedereen binden.

Op bedrijfsniveau kunnen aanvullende regelingen afgesproken

worden. Die regelingen kunnen met de ondernemingsraad overeengekomen zijn of eenzijdig door de directie ingesteld zijn. De ondernemingsraad heeft een instemmingsrecht op werktijdenregelingen. Dus als de directie een regeling wil, kan de OR die steunen of tegenhouden. Ten slotte kan op individueel niveau een aantal afspraken gemaakt worden over werk en tijd. Dat kan formeel in de arbeidsovereenkomst vastgelegd zijn of mondeling overeengekomen zijn. Op individueel niveau kan strikt genomen niks afgesproken worden wat in strijd is met de wet, CAO en bedrijfsregeling.

De Arbeidstijdenwet geeft normen aan voor werkweken en werkdagen. Niet in elke functie of organisatie is het even gebruikelijk de ATW te raadplegen om na te gaan of de normen niet geschonden worden. Toch kan het goed zijn om eens na te gaan wat de wetgever gezonde werktijden vindt.

De normen gelden niet voor wie tweemaal modaal verdient én leidinggevend is of voor wie driemaal modaal verdient. In die functies wordt ervan uitgegaan dat meer en minder werk door het salaris gecompenseerd wordt en dat de functies voldoende autonomie kennen, zodat degene in de functie zelf kan bepalen hoe hij werkt.

De Wet aanpassing arbeidsduur (WAA) geeft werknemers het recht een verzoek in te dienen om meer of minder te werken. De werkgever mag zo'n verzoek, mits tijdig ingediend, niet weigeren behalve als er zwaarwegende bedrijfseconomische belangen door geschaad worden. Verlof van één medewerker of aanpassing van de aanstelling leidt doorgaans niet tot zwaarwegende bedrijfseconomische bedreigingen voor de onderneming. Slechts weinig medewerkers zijn zo onmisbaar dat met een of anderhalve dag verlof meer de organisatie op de rand van het faillissement komt. En dat is zo'n beetje het niveau dat je je moet voorstellen bij 'zwaarwegend'.

Een evaluatie van de wet leidde tot het inzicht dat medewerkers er niet vaak een beroep op doen en zeker niet vaak hun recht op dat vlak bevechten door te gaan procederen met die wet in de hand. Waarschijnlijk halen werknemers die een verzoek omtrent de aanpassing van de arbeidsduur hebben eerder bakzeil met de vrees dat het bevechten van het recht leidt tot verstoorde arbeidsverhoudingen. Verlofsoorten zijn te vinden op de site van het Ministerie van Sociale

Zaken en Werkgelegenheid (www.verlofregelingen.szw.nl). Een greep:

- Verlof voor je kinderen – Van zwangerschaps- tot ouderschapsverlof
- Zorgverlof – Verlof om voor je zieke kinderen of familie te zorgen
- Calamiteitenverlof – Verlof voor een acuut probleem
- Levensloopregeling – Sparen voor verlof
- Onbetaald verlof – De gevolgen voor je inkomen

Soms is het recht verlof op te nemen een recht op onbetaald verlof. Soms kun je aanspraak maken op loondoorbetaling. Als het recht een recht op onbetaald verlof is, kijk dan ook in de CAO of het bedrijfsreglement. Wellichtin is daarin aanvullend afgesproken dat je wel loondoorbetaling kunt krijgen.

Onderhandelen over geld

Loon

Als je in een functie zit, heb je een salaris. Dat kun je op een gegeven moment als onvoldoende beschouwen.

Loon is ook de basis voor je vakantiegeld. Daarnaast is loon ook van belang als je een 13e (of zelfs een 14e) maand krijgt. Loon is daarmee een erg belangrijke arbeidsvoorwaarde.

Veel organisaties hebben een salarisgebouw. Doorgaans staan er schalen in met daarbinnen periodieken. Vanaf een bepaalde schaal en periodiek kun je overstappen naar een hogere schaal. Zo'n salarisgebouw geeft inzicht in de start- en eindsalarissen en het tempo waarin je meer gaat verdienen. Hoe meer je daar vanaf weet, hoe meer je gesprekspartner bent als het gaat om loon.

Groei in het salaris komt voort uit de idee dat je meer waard wordt voor de organisatie naarmate je langer werkt. In sommige organisaties worden afspraken gemaakt over wat je moet presteren om meer loon te krijgen. In dat geval is erg expliciet wat je meer waard wordt. In andere organisaties is de groei automatisch en wordt je toenemende waarde impliciet aangenomen.

Meer waarde kan voortkomen uit routine, ervaring, meer kennis, specialistischer kennis, meer commerciële slagkracht, grotere bijdragen aan innovatie, cultuur en leren et cetera. Maar ook door externe omstandigheden kun je meer waard worden, zoals door krapte op de arbeidsmarkt. Doorgaans merk je dat pas als je gaat solliciteren, zoals je ook niet merkt dat een ruimere arbeidsmarkt in je nadeel werkt.

Hoe beter je weet wat je meer waard wordt, hoe duidelijker je daartoe argumenten kunt aandragen.

Naast je salaris word je netto ook wijzer van de regelingen die je werk-

> Een managementgoeroe stelde dat hij medewerkers de eerste jaren te veel betaalde om ze te binden en te motiveren en de jaren daarna te weinig betaalde omdat ze dan toch niet meer weglopen.

gever heeft. Denk aan:

- bijdragen in kinderopvang;
- het bedrag waarvoor je mag leasen of je kilometervergoeding;
- representatiekosten;
- bijdragen in abonnementen en lidmaatschappen;
- bijdragen in pensioen;
- bijdragen in ziektekosten en levensloopregelingen;
- bijdragen in spaarregelingen;
- telefoon- en internetkostenvergoeding;
- budget voor studiedagen en -boeken;
- verstrekken van laptop, telefoon en dergelijke;
- kortingen op eigen producten.

De fiscus is tegenwoordig erg alert op voordeeltjes die je krijgt en aarzelt niet de krentenbollen die je tijdens de wekelijkse vergadering krijgt te zien als loon in natura, waarmee de bijtelling in beeld komt.

DISSATISFIER

Wie motivatietheorieën bekijkt, ziet dat er in het werk satisfiers zijn en dissatisfiers.

- Satisfiers zijn die zaken waar je écht gemotiveerd door raakt, die je inspireren, prikkelen, bevrediging geven. Denk aan inhoudelijk werk hebben, sociale ondersteuning van je team ervaren, een leidinggevende die kan coachen. De accenten zullen per individu verschillen.
- Daar staan de dissatisfiers tegenover. Dat zijn zaken die als ze goed geregeld zijn niet opvallen en als ze niet goed geregeld zijn, zorgen voor frustraties. Denk aan de kwaliteit van de apparatuur waar je mee werkt, arbeidsomstandigheden en geld. Geld is volgens de onderzoekers iets wat niet voor intrinsieke motivatie zorgt, wat snel went waarna je weer meer wilt en wat snel een bron van onvrede is. Denk ook aan de discussies die in veel ondernemingen tot verdeeldheid leiden na een beloningsronde. Geld staat in rijtjes over wat medewerkers belangrijk vinden ook zelden of nooit in de top 3. Toch beheerst het menig gesprek over werk ...

Geld mag dan een dissatisfier zijn en zal wellicht niet het allerbelangrijkste in je werk zijn, maar toch zeker belangrijk genoeg om je er eens flink druk om te maken. In de mogelijke tegenwerpingen bespreken we hoe er op je sentiment gespeeld kan worden met vragen over hoe belangrijk geld voor je is.

WAAROM WIL JE WAT JE WILT?

Er zijn globaal drie redenen om meer loon te willen:
I   op basis van in het verleden behaalde resultaten;
II op basis van de functie-eisen/het heden;
II op basis van verwachtingen voor de toekomst.

I RESULTATEN UIT HET VERLEDEN
Een voordeel van deze reden is dat doorgaans het bewijs concreet te leveren is. Je vraagt waardering, loon dus, voor wat je al geleverd hebt. Zie ook het deel over STAR'en en competenties. Zorg dus ook dat je

bewijzen bewaard hebt en kunt overleggen:

- positieve beoordeling;
- overzicht behaalde rendementen;
- binnengehaalde klanten;
- opgeloste klachten;
- bijdragen aan innovatie;
- inzet op het collegiale vlak;
- bijdrage aan strategische beslissingen;
- inzet door overwerk;
- publicaties en geciteerd worden;
- et cetera.

Het is misschien wat on-Nederlands om een portfolio aan te leggen met positieve beoordelingen, mails met complimenten, positieve evaluaties, maar het is goed om te doen: je weet wat je kunt (en wellicht ook wat niet), het ondersteunt je verzoek om waardering en in slechte tijden kun je aantonen dat jij altijd goed gefunctioneerd hebt.

Harry, een 51-jarige manager, functioneerde jaren uitstekend: positieve beoordelingen, bonussen, aardige briefjes van klanten, hij is een veelgevraagd mentor en coach et cetera. Na een reorganisatie, waarbij er druk op Harry werd gelegd te gaan solliciteren, is de organisatie weer in rustig vaarwater. Althans, zo lijkt het. Want plots krijgt Harry in beoordelingsgesprekken kritiek, briefjes daarover die cc aan P&O gaan en de opdracht zich ernstig te bezinnen op zijn positie. Harry voelde al aan dat er een 'dossiertje' werd opgebouwd. De enkele negatieve beoordelingen moesten bij een eventueel ontslag aannemelijk maken dat de werknemer niet presteert. Maar goed dat Harry zijn eigen dossier had met formele beoordelingen, maar ook tal van mailtjes die duidelijk aangaven dat zijn prestaties jarenlang niet ter discussie stonden.

Het is ook mogelijk dat je functie, of de functie die je gaat uitoefenen, in jouw ogen een andere waardering moet hebben dan die die de werkgever aanbiedt. Ook daarvoor is het zaak argumenten aan te dragen.

- Gebruik een functieweging en -waarderingssysteem. In een dergelijk systeem worden functie-eisen in kaart gebracht en vervolgens gewogen. Hoe zwaarder een functie, hoe meer salaris reëel is. Er zijn verschillende systemen, dus meerdere kansen. Soms is er discussie over of een functie nu écht leidinggevende taken bevat of juist meer coördinerende taken. Afhankelijk van het antwoord wordt een functie betaald, dus zorg dat je functie goed gewogen wordt voordat je gaat waarderen.
- Doe een benchmark: wat is gebruikelijk voor deze functie in vergelijkbare organisaties? Het risico van een benchmark is dat je appels met peren vergelijkt, dus ga goed na hoe je het hele pakket van arbeidsvoorwaarden in kaart brengt en welke eisen eraan gesteld worden. In de ene onderneming krijg je minder loon en meer vrije dagen maar is de target ook weer lager dan in de andere organisatie. Dat hele beeld moet je hebben voordat je echt kunt vergelijken.
- Gebruik een salariskompas van internet. In zo'n kompas stop je allerlei aspecten van je functie en je ziet een indicatie van het salaris. Hoe goed die indicatie is, is moeilijk te zeggen. De ene site heeft erg veel gegevens van ondernemingen en heeft dus veel referentiemogelijkheden. De andere site heeft genuanceerdere vragen, waardoor de functie exacter gewogen wordt.
- Raadpleeg je eigen of een externe HR-officer of een gespecialiseerd bureau over hun beeld van de functie. Hoe schatten zij de functie in? Vraag ook hoe zij tot die weging komen en wat zij vooral belangrijk vinden in die functie.
- Raadpleeg opleiders in je veld. Wat zien zij dat er op het vlak van waardering gebeurt?
- Verzamel vacatureteksten en vergelijk functie-eisen en beloning. Doorgaans worden maxima vermeld en krijg je slechts een oppervlakkig beeld van de arbeidsvoorwaarden ('uitstekende arbeidsvoorwaarden') maar het kan weer bijdragen aan je beeld van de functie.

- Raadpleeg brancheorganisaties en koepels. Wat is normaal, wat wordt zoal betaald?
- Raadpleeg vakbonden, OR's in de sector en vind uit wat hun beeld is van wat er zoal betaald wordt.

Een benchmark als deze is, hoe objectief de data wellicht ook lijken, toch vaak appels met peren vergelijken. Die ene unieke baan in die specifieke sector in deze arbeidsmarkt met dat werkaanbod in die regio is nooit 100% identiek aan een andere. Maar je kunt maar beter ankers hebben voor je salariseis.

III VERWACHTINGEN VOOR DE TOEKOMST
Je verzoek om meer salaris kan ook gebaseerd worden op inzet die je voornemens bent te gaan leveren. Uiteraard is het dan aan jou en je leidinggevende om vast te stellen welke inzet ook daadwerkelijk meer is dan de gebruikelijke. Je kunt dan weer onderhandelen of je de beloning meteen wilt of dat je over enkele maanden evalueert of doelen gehaald zijn en dan casht. Dat laatste is uiteraard prettiger voor de leidinggevende, want dan is de buit binnen. Dat betekent in principe ook dat als er achteraf uitgekeerd wordt die uitkering ook hoger mag zijn.

Sommige ondernemingen hebben een beoordelingssysteem dat voorziet in de mogelijkheid doelen te stellen en daaraan een beloning te koppelen. Bekende systemen zijn *performance management* en de *balanced score card*. Let wel op dat doelen voldoende concreet zijn. Het is vervelend als te algemeen gestelde doelen bij beoordeling achteraf verschillende verwachtingen hebben opgeroepen.

Performance management is een term die gebruikt wordt om aan te geven dat beoordelen gekoppeld wordt aan vooraf geformuleerde doelstellingen. Er wordt een cyclus doorlopen:
- Doelen stellen. De medewerker en leidinggevende gaan in gesprek om vast te stellen welke doelen de medewerker wil realiseren. In een aantal organisaties zijn er sjablonen voor de doelstellingen of is er een aantal items waarbinnen doelen geformuleerd moeten worden. Om later te kunnen beoordelen of doelen gerealiseerd zijn,

moeten doelen concreet en meetbaar geformuleerd zijn. Daarnaast is het essentieel dat de medewerker zijn doelen beperkt tot die zaken waar hij ook een reële invloed op heeft.

Voorbeelden van doelen van de medewerker:

- □ bijdrage aan de missie, strategische doelen
- □ bijdrage aan de cultuur
- □ bijdrage aan innovatie
- □ omzetdoelstelling
- □ bijdrage aan professionalisering
- □ bijdrage aan prominentie, lezingen, publicaties
- □ aantal nieuwe klanten
- □ verkoop aantal nieuwe producten

- Coachen, faciliteren door de leidinggevende. Medewerker werkt en ontwikkelt zich. Als de doelstellingen een zekere ambitie hebben, dan spreekt het voor zich dat periodiek nagegaan wordt of de medewerker voldoende toegerust is om de doelen te realiseren. De rol van de leidinggevende is dan voornamelijk het ondersteunen van de medewerker.
- Formeel beoordelingsmoment. De leidinggevende en de medewerker zitten nu tegenover elkaar en stellen vast wat de concrete vorderingen zijn. Dit is nogal een rolwisseling in vergelijking met de vorige stap. Dat is voor sommige organisaties ook reden om coaching niet door de direct leidinggevende te laten doen.
- Eventueel koppeling met beloning. Afhankelijk van het beloningssysteem is er een collectieve of individuele variabele beloning; vaststellen nieuwe doelen en start nieuwe cyclus.

De balanced score card is een instrument om de beloning een afgeleide te laten zijn van de organisatiestrategie en in te bedden in een ontwikkelings- en beoordelingscyclus. De idee achter de balanced score card is dat iedereen op vier hoofditems beoordeeld wordt. De nadruk ligt daarbij niet op het eindresultaat (de nettowinst), maar op indicatoren die de winst op lange termijn beïnvloeden, zoals klantentrouw, werknemerstevredenheid, productontwikkeling en interne bedrijfsprocessen. Zij laten zien hoe maatstaven verdeeld in vier categorieën (financieel, kennis over klanten, interne bedrijfsprocessen en leervermogen) kunnen bijdragen aan de resultaten van de organisatie. Met behulp van de balanced score card kunnen organisaties feedback ontvangen over de resultaten van de strategie en op basis daarvan aanpassingen doen. Door uitvoerig aan de hand van vele schema's uit te leggen hoe de balanced score card gebruikt kan worden in organisaties, voorzien Kaplan en Norton – de grondleggers van de balanced score card – de managers van een instrument waarmee zij hun resultaten op korte en lange termijn drastisch kunnen verbeteren.

De vier punten die een rol spelen bij beoordelen zijn:

- de bijdrage van de medewerker vanuit financieel perspectief;
- de bijdrage van de medewerker vanuit een klantperspectief;
- de bijdrage van de medewerker op het vlak van innovatie;
- de bijdrage van de medewerker aan het interne proces.

HOE KUN JE HET REALISEREN?

In grote lijnen komen alle varianten van inkomen neer op vast, flexibel of eenmalig. Vast is dan loon, flexibel is resultaatafhankelijk loon en eenmalig zijn gratificaties.

VAST

Je kunt als doel hebben om meer loon te krijgen. Dat is niet alleen meer geld, maar ook een belangrijke grondslag voor pensioen, WW en ziektegeld. Daarnaast werken loonsverhogingen jaren door. Nu 100 euro per maand meer, verhoogt ook weer het bedrag waar je volgend jaar je prijscompensatie over krijgt.

In organisaties waar met schalen en periodieken wordt gewerkt, zijn de stappen doorgaans gestandaardiseerd en zijn er soms in het beloningsbeleid afspraken over wanneer je hoeveel stappen kunt maken. Ook daarvoor geldt uiteraard dat jouw situatie uniek is. Een of anderhalve of twee periodieken?

Wat je per maand krijgt, kan ook gunstig beïnvloed worden doordat de werkgever bepaalde onkosten van je vergoedt (ziektekosten, studiekosten, kinderopvang, leaseregeling met hoog leasetarief, premievrij pensioen). Deze regelingen leiden uiteraard tot een gunstig nettoloon maar zijn ook weer niet salaris en daarmee dus niet de grondslag voor

WW, ziektekosten et cetera. Daarnaast heeft een volgende werkgever wellicht niet deze faciliteiten en zul je dan je loon een sprong moeten laten maken, die die werkgever misschien wat te kras vindt. Prima dus om mooie regelingen te hebben, maar zorg dat je krijgt wat je verdient in je salaris.

Eenmalige uitkeringen

Eenmalige uitkeringen als bonussen en gratificaties zijn ook extra geld maar nadrukkelijk niet structureel. Daarnaast is het fiscale tarief voor die extra's minder gunstig dan dat voor je reguliere loon.

Flexibel/resultaatafhankelijk

Wat je krijgt is afhankelijk van je eigen prestaties (of je je targets haalt), van teamdoelstellingen of bijvoorbeeld organisatiedoelstellingen. In sommige functies worden targets afgesproken en als je die haalt, is daar een beloning aan gekoppeld. Maar ook is een winstdeling een vorm van resultaatafhankelijk belonen. Het kan een aantrekkelijke vorm zijn omdat voor de werkgever betalen afhangt van reeds behaalde doelen, dus daar zit veel minder risico aan. Daarnaast verhoogt een resultaatafhankelijk deel niet structureel de loonkosten. Ten slotte is er bij winstdeling doorgaans ook nog een *escape* voor het management: wat wordt er precies onder 'winst' verstaan? Als de onderneming een topwinst stevig afroomt voor voorzieningen voor projecten die de organisatie het jaar erna wil doen, dan is de winst acuut lager.

Vaak zijn arbeidsvoorwaarden als lease, telefoon en laptop van het werk, en royale onkostenvergoedingen in het oog springende voordelen. Zeker is het fijn als op de eerste werkdag een telefoon voor je klaarligt, je pda er is met al een hele reeks interessante afspraken en de leasemaatschappij graag je wensen noteert. Er was een tijd dat wervingsgesprekken in de showroom van de autodealer plaatsvonden, zodat je rijdend naar buiten kon gaan. Mooi en leuk om mee op te scheppen tegenover je kennissen, maar zorg ervoor dat al die speeltjes niet in plaats van een goed salaris komen.

HR-officer Albert aan het woord: 'Salaris houd je je leven lang', zeg ik altijd. Op een uitzondering na verdien je elk jaar meer en bij elke nieuwe werkgever hetzelfde of meer. Dat betekent dat salaris een erg belangrijk onderdeel van je werk is.

Bij een gemeente kon Bart een mooi arbeidsvoorwaardenpakket overeenkomen. Twee studiegenoten van hem verdienden minder. Maar na drie jaar zijn de kaarten anders geschud. Bart krijgt elk jaar vast een periodiek, maar die ligt tussen de 70 en 120 euro bruto per maand. De twee vrienden startten lager en krijgen alleen een periodiek bij een goede beoordeling – en dat lukte tot nu toe elk jaar – maar stijgen bij een periodiek wel 250 euro.

WAT BIED JE AAN?

TRANSACTIONELE ARGUMENTEN

De transactionele argumenten rond meer inkomen zijn die van de klassieke ruil: loon voor arbeid. Je gaat dus beter je best doen – en dat heb je nauwkeurig omschreven als je resultaatafhankelijk gaat werken – je gaat meer werken, je bent loyaler et cetera. De waardering in geld uitgedrukt is weer helemaal in orde en de prikkel die daarvan uitgaat laat je merken.

TRANSFORMATIONELE ARGUMENTEN

Volgens de eerder geciteerde motivatietheorieën kan geld niet voor intrinsieke motivatie zorgen en kan het dus ook niet zorgen voor het soort argumenten dat je onder transformatie aanvoert. Maar los van het aardse aspect van euro's op je bankrekening is loon ook een manier waarop je leidinggevende en de organisatie hun waardering kunnen laten blijken. Dan is er wellicht aan te dragen dat je je weer opnieuw verbonden voelt door:

- de oprechte woorden van waardering;
- het feit dat je prestaties gezien worden;

- het feit dat er stimulerende feedback gegeven werd;
- het feit dat er weer nieuwe doelen voor volgend jaar staan met het gevoel dat je daarin goed gecoacht en gefaciliteerd gaat worden;
- het feit dat de organisatie wil investeren in medewerkers en dus echt human resources de belangrijkste factor vindt;
- het feit dat mondigheid en tweerichtingsgesprekken door het management gewaardeerd worden;
- het feit dat je het proces een interessant leertraject vond om jezelf te 'waarderen' en daar data voor te verzamelen en tot een reëel beeld van jezelf te komen.

Wettelijke argumenten

Wettelijke argumenten zijn er niet veel, tenzij je onder het minimumloon valt. Dat is geregeld. Als er een CAO is, kun je nagaan of je ten minste alle daarin toegekende faciliteiten krijgt.

Mogelijke tegenargumenten

- *Ik heb een dergelijk verzoek bij anderen ook afgewezen.*
  Zie bladzijde 63.

- *Dat is tegen het centrale beleid.*
  Zie bladzijde 64.

- *Dat kunnen we niet betalen.*
  Het is nagenoeg ondenkbaar dat het toekennen van een ruimer loon bij één persoon een onderneming in de problemen brengt. Dus dit 'habe nichts'-verweer gaat niet snel op. Tenzij de leidinggevende bedoelt dat hij diezelfde stijging aan een grotere groep moet betalen, maar het is de vraag of dat per se nodig is.
  Daarnaast moet een organisatie de gewone groei, dus het doorlopen van periodieken en schalen, van medewerkers kunnen betalen. Het zou toch te gek voor woorden zijn als een onderneming niet de middelen heeft om zijn medewerkers de normale groei te laten maken ...

In de organisatie waar Halbe werkt, is er geen enkel systeem van beoordelen en belonen. Halbe werkt nu vier jaar bij de organisatie en hij heeft één keer een verhoging van enkele tientjes gekregen. Zijn manager had toen 'een x-bedrag' aan loonstijging te verdelen. Ook heeft hij één keer een bonus gekregen. Bij elke vraag over loon, opslag en bonussen wordt er krampachtig verwezen naar achterblijvende inkomsten, dreigende loonstijgingen en de toch al krappe marges. In zo'n naargeestige sfeer moet er heel wat gebeuren voordat je eens voor jezelf opkomt.

- (Bij nieuwe werkgever) *Wat verdien je nu?*
  Het is op zich niet vreemd dat een werkgever wil weten wat je verdient, zeker als de functie die je had verwant is aan wat je nu gaat doen. Als je erg tevreden was over je salaris of het zelfs wat ruim vond – bijvoorbeeld na een benchmark – dan is het ook geen punt dat te melden. Als je echter een grote stap wilt maken, dan is het vertellen van dat salaris wellicht voor je gevoel een verkeerd signaal. Dat salaris vond je kennelijk ook voldoende ...
  Erover liegen is niet verstandig. Het heeft ethisch zo zijn schaduwkanten maar er zijn ook praktische bezwaren: je wilt een werkrelatie toch niet beginnen met gejok. En stel dat het uitkomt?
  Geef aan dat het salaris in die functie bij die organisatie in die sector en in die regio niet zonder meer te vergelijken is met wat je in je nieuwe functie verwacht. Geef eventueel ook aan dat onvrede over het salaris en achterblijvende groei een van de motieven was om te veranderen.

Mariëtte veranderde van baan. Ze kon van een baan bij een onderwijsinstelling (hbo) naar een adviesbureau overstappen. Wat rondvragen leerde dat ze haar huidige brutosalaris zo'n beetje netto zou kunnen verdienen. Ze vond dat een enorme stap, die ook wat intimiderend werkte. Na wat nadenken en gesprekken met mensen uit de organisatie waarvoor ze zou gaan werken, bleek dat de verantwoordelijkheid voor een target en de druk van acquisitie de functie zwaar maakten.

> Maar het werken met omzetdoelen maakte het wel makkelijk om concreet te maken wat je waard bent voor de onderneming.
> Mariëtte vond het goed te weten dat het salaris reëel was voor de functie en dat daar een stevige inspanning voor in ruil werd gevraagd.

- *Als ik dat jou geef, dan loop je uit de pas met anderen in jouw functie.*
  Gelijke gevallen moeten inderdaad gelijk behandeld worden, maar ongelijke gevallen moeten ongelijk behandeld worden. Ook kun je wijzen op ondernemerschap: jij komt op voor jouw belangen. Anderen hoeven niet automatisch te volgen.

- *Ik ben niet voldoende overtuigd van je prestaties.*
  Houd je verkooppraatje als je dat nog niet hebt gedaan. Vat anders het verhaal nog eens kort samen. Vraag vervolgens waar de twijfel zit en blijf vragen tot het boven water is. Mocht dat niet lukken, dan kun je stellen dat je 'een gevoel dat ik heb' een wat pover argument vindt tegenover jouw inhoudelijke onderbouwing.

- *Is salaris dan zo belangrijk voor jou?*
  Het scoort doorgaans niet zo om salaris ontzettend belangrijk te vinden. Je kunt daar onomwonden over zijn als het voor jou wel belangrijk is:

Met twee kleine kinderen, een hypotheek, een leaseauto en fijne regelingen rond pensioen, kinderopvang en ziektekosten is het voor mij nu even erg belangrijk.
Maar je kunt ook wat minder direct zijn:
Salaris is niet het belangrijkste, als je dat suggereert, maar is belangrijk genoeg om het er nu over te hebben. En alle andere belangrijke zaken daar heb ik nu geen vragen over.

- *Als we eens lager starten en bij de volgende ronde aan jou denken?*
  Richt erop nu afspraken te maken. Waarom zou je het niet nu doen? Welke argumenten zijn daar nu voldoende zwaarwegend voor? Als het alleen even uitstellen is, dan heb je dat liever niet. En als er wel vol-

doende argumenten zijn voor uitstel, dan moet je er samen op letten dat het geen afstel wordt. Is de stijging in loon gegarandeerd en toegezegd en alleen even uitgesteld? Zo ja, tot wanneer? Of wordt ook het oordeel of je het wel krijgt uitgesteld? In dat laatste geval heb je dus niets in handen. Dat laatste kan je het gevoel geven dat er nu geen serieuze afweging plaatsvindt en dat je gewoon weggestuurd wordt. Dring aan op redenen voor zo'n opstelling én onderhandel door.

■ *Kunnen we het op provisiebasis afspreken?*
Het is aan jou om te beoordelen of dat kan. Provisie en andere resultaatafhankelijke inkomenselementen hebben een risico in zich dat als je je doelen niet haalt er inkomen wegvalt. Dat risico vindt niet iedereen prettig en past ook meer bij gretige verkopers dan bij brave medewerkers binnendienst. Ten tweede moet het risico dat het voor jou heeft, vertaald worden naar een prikkelend financieel aanbod. Dus de provisie moet zo aantrekkelijk zijn dat je er graag de zekerheid van een beperkte loonstijging voor laat zitten. Ten derde moeten jouw taken zich lenen voor provisie. Heb je voldoende invloed op het proces om de afgesproken target te halen? Is die ook concreet? En leidt de target niet tot ongewenste rivaliteit?
Kortom, een complexe vraag die past bij de ene functie en het ene karakter en niet bij de andere. Breng nuance in je antwoord aan.

■ *Dat lijkt me een directiekwestie. Ik ga alleen over reguliere verhogingen.*
Ga na wiens formele verantwoordelijkheid het is om hierover te beslissen. Als de leidinggevende inderdaad alleen in de herfst zijn voorstellen voor verhogingen in kan dienen, zorg dan wel dat je steun van je leidinggevende hebt en die kunt inbrengen in het gesprek met de directie. Je mag ervan uitgaan dat die toch geraadpleegd wordt in de afweging die een directie maakt.

■ *Waarom heb je meer nodig?*
Ons uitgangspunt is dat je eisen niet gebaseerd zijn op je uitgaven, maar op de bijdrage aan de organisatie die je levert. Je verdient kortom meer en moet gewaardeerd worden naar je prestaties. Dus verkenningen over welke lasten je hebt en eventuele goedbedoelde

budgettips zijn niet doel van je gesprek. Hoezeer een avondje aan de keukentafel met de rekeningen ook aanleiding kan zijn voor een goed gesprek met de leidinggevende ...
Richt het gesprek dus op wat je waard bent, op wat je verdient.

- *Wie zegt me dat ik dit gesprek niet elk jaar heb?*
  Sterker nog, dat gesprek gaan we elk jaar hebben. Wat is erop tegen om naast het functioneringsgesprek ook periodiek te checken of arbeidsvoorwaarden en faciliteiten nog op peil zijn? Je kunt wel aangeven dat je telkens bereid bent argumenten aan te dragen en ook openstaat voor feedback. Beloof nooit dat je als je je zin krijgt enkele jaren klaar bent.

- *Vind je dat je het waard bent?*
  De vraag kan verstaan worden als provocatie. Als je dat zo ervaart, zeg er dan wat van. Bijvoorbeeld:

Ik vind het niet plezierig als er zo over de waarde die ik als mens heb, wordt gesproken. Laten we het gesprek op salaris en arbeidsvoorwaarden houden.

Als je inhoudelijk wilt antwoorden, dan is 'ja' wel een goed antwoord. Zorg dat je bewijzen hebt, zie bladzijde 70 voor tips.

- *Dat is natuurlijk een onredelijke eis. Laten we meteen naar het echte bod gaan.*
  Je kunt inhoudelijk reageren en droog melden dat jij het niet als onredelijk bedoeld hebt, maar dat je graag hoort op basis waarvan de ander dat als zodanig beoordeelt. Zet daarnaast neer waarom jij het wel verdedigbaar vindt.
  Je kunt ook op samenwerkingsniveau reageren en feedback geven:

Jij geeft aan dat ik een onredelijke eis neerleg en stelt dat die natuurlijk onredelijk is. Dat geeft mij het gevoel dat mijn vooronderzoek en wens niet serieus worden genomen. Ik wil dat jij mij vraagt waar ik die wens op baseer en dat jij aangeeft waarom je tot een heel andere conclusie komt.

- *We zijn het eens over de basis. De rest komt later wel.*
Hoezeer je ook op hoofdzaken gericht moet zijn en hoe waar het ook is dat je met 20% van de inspanning 80% van het resultaat boekt en de laatste 20% wel 80% kosten en hoezeer vertrouwen ook de basis voor alle samenwerking moet zijn, soms zit het euvel in details en moet je met een Pruisische grondigheid de zaak uitonderhandelen. Geef aan dat je de intentie onderschrijft dat de basis er is en dat doorgaans een prima start vindt, maar in contracten toch hecht aan accuratesse. Geef aan dat een schorsing of een nieuwe afspraak geen punt is als er vermoeidheid in het geding is, maar dat jij het hele pakket scherp wilt hebben voordat de deal er komt.

LET OP: DE SIDELETTER

Soms krijg je een arbeidsvoorwaarde niet ongeclausuleerd. Er kan bij een brief waarin je je promotie of gratificatie toegekend krijgt een bijlage opgenomen zijn die als opmerking of zelfs als clausule dient: de *sideletter*. Je moet meer aandacht besteden aan bijvoorbeeld acquisitie of samenwerking of accuratesse.

Soms sluit die brief aan bij de onderhandelingen en is het overeengekomen. Soms is de brief het product van overleg tussen managers of bedenkingen achteraf. Ga na wat de formele status is van de brief: is het een clausule, dan betekent het dat het besluit nog teruggedraaid kan worden. Er zal dan ook een formeel beoordelingsmoment moeten volgen. Of is het een opmerking, die je ter harte moet nemen en die meer past bij een coachings- of functioneringsgesprek?
Ga ook na of je de kritiek accepteert. Als je het er niet mee eens bent, accepteer de brief dan niet en beleg snel een gesprek met de betrokken partijen.

LET OP: RESULTAATAFHANKELIJK BELONEN KENT VALKUILEN

De koppeling tussen resultaten en beloning is al zo oud als werken zelf. Tegenwoordig zijn echter veel functies complexer dan uit de tijd van het stukloon. De vraag is dan ook nogal eens of je wel voldoende invloed hebt op de doelen die je moet halen. Ook is er bij resultaatafhankelijk belonen nogal eens de neiging vooral kwantitatieve doelen te stellen en dan liefst doelen die in euro's uit te drukken zijn: omzet! Ga na of je die manier van aangestuurd worden in je werk stimulerend vindt.

Wie wat op internet surft vindt een overdaad aan artikelen die tegen resultaatafhankelijk belonen betogen.

Let op: terugwerkende kracht

Je kunt ook loonstijging of een gratificatie met terugwerkende kracht overeenkomen. Stel dat de organisatie een bepaalde stijging écht niet kan betalen, dan kun je afspreken om betaling uit te stellen. Op het moment dat de situatie het toelaat – bijvoorbeeld als de halfjaarcijfers duidelijk zijn – dan kan alsnog betaald worden, eventueel met terugwerkende kracht. In dat geval moet je wachten en is er de nodige onzekerheid. Ook heb je zelf niet alle invloed op het wel of niet halen van de norm die gesteld is. Ten slotte moet je zien dat je 'als de financiën het toelaten' of andere erg open normen SMART maakt. Dus geen erg aantrekkelijke deal, maar wellicht een compromis dat haalbaar is?

Wettelijke kaders

Er zijn wetten rond inkomen, maar die gaan over minimuminkomens. Verder regelt de wetgever geen inkomens. Daarnaast is er wel veel wetgeving over pensioenen, levensloopregeling en allerlei fiscale aspecten van loon.
De overheid is wel betrokken bij een aantal CAO's in haar rol van werkgever. Een CAO is een arbeidsovereenkomst voor een branche. Voor een aantal functies in die branche wordt dan het arbeidsvoorwaardenpakket geregeld. Ook in sectoren met CAO's bestaan er functies die daar niet onder vallen. In die gevallen zijn er individuele arbeidsovereenkomsten.

Onderhandelen over de inhoud van het werk

De inzet van een onderhandeling kan ook de inhoud van het werk zijn. Je wilt inhoudelijk interessanter werk, uitdagender klanten, meer verantwoordelijkheid, accountmanagement en acquisitie als onderdeel van je taken, routinetaken afstoten, meer ondersteuning bij de uitvoering et cetera.

> ▶ Als je weet wat voor ontwikkeling jij wilt en die komt overeen met strategische beslissingen van de organisatie, dan zijn er meer kansen. Wil de organisatie internationaler opereren en jij ook, dan is dat een kansrijkere discussie dan wanneer jij als specialist je nog weer meer wilt specialiseren terwijl de organisatie stelt dat generalisten en regisseurs de toekomst hebben.

Waarom wil je wat je wilt?

De redenen om iets anders te willen, kunnen divers zijn. Waarom wil je verbreding, verdieping, verandering? Het kan zijn dat je de inhoudelijke kant van je werk interessant vindt: je wilt weer opnieuw leren, nieuwe situaties aangaan, het spannende gevoel van niet-routine ervaren. Maar het is ook zeer wel mogelijk dat je curriculum-vitae-technisch vindt dat je loopbaan weer impulsen moet hebben, bijvoorbeeld omdat je je hebt voorgenomen nergens langer dan drie jaar te blijven.

In sommige organisaties zijn functies en de bijbehorende taken nauwkeurig omschreven. In die organisaties betekent ander werk snel een andere functie. Dan moet die functie vrijkomen, jij moet ervoor in aanmerking komen, de arbeidsvoorwaarden moeten passen et cetera. In die fijnmazig geregelde organisaties kan het ook wel mogelijk zijn om door middelen van projecten aan verandering te doen.

Hoe kun je het realiseren?

Verdieping kun je bereiken door moeilijker opdrachten, minder routine en standaardwerk, lastiger klanten, meer accountmanagement, meer acquisitievaardigheden, meer leidinggevende of coördinerende taken, meer inkoopverantwoordelijkheid, meer budgettaire verantwoordelijkheid, betrokken zijn bij klachtafhandeling, gaan publiceren, onderzoek doen, promoveren, een lezingenreeks beleggen, rondetafelconferenties met klanten starten et cetera.

Wezenlijk voor inhoudelijke verdieping is dat je goed gecoacht wordt. Wees duidelijk over de wensen die je ten aanzien van het leertraject stelt en wat voor soort begeleiding jij nodig hebt. Ga na wie intern goede coaches zijn en als die er niet zijn, of als je sowieso liever een externe coach hebt, betrek dat dan in de onderhandeling.

WAT BIED JE AAN?

TRANSACTIONEEL

Het meest concrete ruilargument is dat je in ruil voor verdieping of verbreding een betere medewerker wordt die meer kan en weet. Je werkt aan je employability en dat levert toegevoegde waarde voor wat je nu doet, je wordt breder inzetbaar en dat geeft in het heden en in de toekomst garanties voor je inzet.

TRANSFORMATIONEEL

Het verdiepen en verbreden maakt dat je niet alleen een vaardiger werknemer wordt, maar ook dat je betrokkenheid en motivatie vergroten. Dat leidt tot hernieuwde inzet, meer passie, zoeken naar toegevoegde waarde, proberen van een nieuwe en wellicht onconventionele aanpak, met nieuwe energie taken oppakken, trots op jezelf zijn om de stap die je maakt en op de organisatie en het management dat je daarin steunt.

MOGELIJKE TEGENARGUMENTEN

- *Kun je dat wel?*
  Geef aan waar je zeker van bent en waar (nog) niet. Door beide kanten te belichten komt er een reëler beeld dan wanneer je een manisch verkoopverhaal over jezelf houdt. Ga in je voorbereiding na wat voor jou leerdoelen zijn en hoe je daarin gefaciliteerd wilt worden.
  Jij: Ik kan een acquisitiegesprek houden. Dat heb ik ook al vaker

laten zien. Bij de klanten die ik nu wil, wordt mijn inhoudelijke kennis meer beproefd. Hoewel ik veel ervaring heb en veel weet, zal ik toch zo nu en dan op een senior terug moeten vallen. Ik stel voor dat ik bijvoorbeeld offertes een maand lang altijd door Bert laat lezen. Ook wil ik gesprekken die ik ga houden voorbereiden met Bert en zijn mensen.

LG: Dan vraag je wel wat van mij. En van Bert.

Jij: Ik denk dat dat wel meevalt. Je mag ervan uitgaan dat ik de leiding neem. Ik denk wel dat we ons in het begin moeten realiseren dat ik nog wat meer steun wil hebben. Maar die investering maak ik snel waar als ik zelfstandig op pad kan.

■ *Dat kun je niet.*
Laat je niet uit het veld slaan door zulke stellige waarnemingen. Het kan ook een test zijn om eens te zien hoe je op krasse mededelingen reageert.
Maar ook als het geen test is, is het de kans om iets te leren: hoe ziet de ander jou en jouw competenties? Vragen dus. En notities maken. Maar vergeet niet dat je een weerwoord moet hebben nadat je hebt gehoord waarom de ander vindt wat hij vindt. Ga punt voor punt, dus zorg dat je aantekeningen hebt gemaakt, in op de tegenwerpingen.
Wees ook niet bang om het eens te zijn met punten waar je het ook écht mee eens bent. Als je weinig ervaring hebt, dan heb je weinig ervaring.

■ *Je inzet bij een eerdere acquisitie, bij McEwan supplies, was nou niet direct succesvol te noemen.*
Als jij al je successen gemeld hebt, dan vraag je erom dat iemand ook de mislukkingen van je verleden erbij haalt. Uiteraard heb jij in je voorbereiding ook in kaart gebracht waar je 'leermomenten' zaten. *Mistakes are the portals to discoveries*, aldus James Joyce. Laat dus merken dat je niks onder het vloerkleed stopt en sportief met tegenslag omgaat en er lessen uit trekt voor de toekomst.

LG: Je inzet bij een eerdere acquisitie, bij McEwan supplies, was nou niet direct succesvol te noemen.

Jij: Nee, dat klopt. Ik heb het ter voorbereiding op dit gesprek ook nog eens met Henk erover gehad: hoe heeft dat nou zo kunnen lopen? Ik heb daar zelf wel uit geleerd om veel beter navraag te doen bij de jongens van techniek voor een gesprek én samen op te trekken in het offertetraject.

LG: Dus dat gebeurt nooit meer?

Jij: Kijk, er zitten twee kanten aan de zaak, maar wat ik door die McEwan-uitglijder heb geleerd, gebeurt niet weer.

- *Ik neem daarmee een groot risico ...*
  Ook hier weer kan het de bedoeling zijn om je reactie te peilen. Wie stelt bewijst, is een motto uit de rechtsgeleerdheid dat ook hier past. De leidinggevende stelt, dus die moet ook maar bewijzen. Vraag door waarom het een 'risico' is en waarom een 'groot risico'. Geef daarna aan dat jij het aandurft.

- *Als ik jou die klus geef, dan passeer ik Pieter ...*
  Het kan geen kwaad om naast de individuele wensen rekening te houden met wensen en verwachtingen van teamgenoten. Dat is wel zo sociaal. De leidinggevende is degene die uiteindelijk de afweging in een bredere context moet plaatsen en moet kunnen verdedigen. Je kunt wel ingaan op bepaalde mechanismen of aspecten van de cultuur die je niet stimulerend vindt. Als bijvoorbeeld promoties voornamelijk gebaseerd worden op diensttijd, anciënniteit, dan kun je dat ter discussie stellen zonder in dit geval Pieter tekort te doen.

WETTELIJKE KADERS

Inhoudelijke loopbaanwensen zijn niet wettelijk geregeld.

Onderhandelen over de inhoud: Je wilt minder ...

WAAROM WIL JE WAT JE WILT?

Als Frits van Egters in *De avonden* van Gerard Reve het huis verlaat, vraagt zijn moeder waar hij nog zo laat naartoe gaat. 'Soms moet je ergens naartoe en soms moet je ergens vandaan', antwoordt hij dan.

| JE MOET ERGENS VANDAAN EN WILT EEN STAP TERUG DOEN

De redenen om een stap terug te doen, kunnen divers zijn. Je ervaart het werk als te belastend, je hebt te veel werk, je zoekt inspiratie, je wilt minder reizen of minder lange dagen maken, je merkt dat je het een sleur vindt en je de laatste tijd minder inzet. Maar het kan ook zo zijn dat je nieuwe taken hebt waar je meer aandacht aan wilt besteden, zoals zorgtaken, maatschappelijke en bestuurlijke taken of studie. Het maakt wel wat uit voor de toon van het gesprek of je iets anders wilt of iets vooral niet wilt.

Wie te lang wacht met aanpassingen maken als het werk zwaar valt, kan daardoor ziek worden. Vanuit een verzuimsituatie moet ook worden gekeken hoe de balans tussen belasting, wat van je verwacht wordt in het werk, en de belastbaarheid, dat wat jij aankunt, weer hersteld wordt. Wie vanuit verzuim terugkeert, bespreekt vaak met een advies van de bedrijfsarts op zak met de leidinggevende allerlei mogelijkheden: tijdelijk aangepast werk, tijdelijk minder werk, op een andere functie herstellen, training in stresshantering, ontwikkelen van *coping*-strategieën et cetera. Het is jammer dat je eerst moet 'omvallen' voordat er structurele aandacht voor de belasting is.

End-of-pipe

Annegreet van Bergen trekt in haar boek *De lessen van burn-out* de parallel tussen de ontwikkeling van aandacht voor het milieu in de jaren zeventig en de ontwikkeling van aandacht voor welzijn in deze tijd. In de jaren zeventig, toen de vissen dood in de Rijn dreven, werd milieu een actueel onderwerp en werd begonnen met *end-of-pipe*-oplossingen, zoals zuiveringsinstallaties, filters, minder productie om uitstoot te verminderen. In de jaren daarna werd de aandacht in toenemende mate verlegd van het tegengaan van uitstoot naar controles in het proces en nu naar duurzaam ontwerp, waarbij het hele procesontwerp al op de tekentafel is gericht op milieuzorg. Op het vlak van welzijn zien we nu ook de schadelijke gevolgen en zien we ook *end-of-pipe*-oplossingen: strenge controle bij WIA, strenge regels voor ziekmeldingen en dergelijke. Pas als je ziek bent, komt er aandacht en als je weer beter bent doe je weer volop mee. Er is weinig aandacht voor preventie of zelfs bij instroom aandacht voor wat voor jou stressfactoren zijn en hoe jouw copingstrategie eruitziet.

Een belangrijk aspect is of je tijdelijk een stap terugdoet of permanent. Niet in elke cultuur zal een stap terug gewaardeerd worden. Er zijn culturen, up-or-out cultuur bijvoorbeeld, waarin je een gebrek aan inzet of loyaliteit toont als je minder wilt werken of andere dingen naast je werk belangrijk vindt. Zie ook 'Boeien en/of binden' en het deel over culturen in het hoofdstuk Samenwerkingsniveau, bladzijde 171 e.v..

Suze vindt het werk de laatste tijd té belastend. Het is nooit af en de keren dat er 's avonds en in de weekenden gewerkt moet worden, zijn talrijk. Dat levert alsmaar meer problemen op bij de studie die ze doet en de zorg die ze heeft voor haar twee kinderen. Haar echtgenoot en wat naasten kunnen wel inspringen, maar de grenzen daarvan zijn nu toch ook ruim bereikt. Ze weet dat ze niet de enige is met dit probleem en heeft contact gelegd met twee collega's in dezelfde functie op een andere vestiging die dit probleem ook ervaren. Gedrieën zijn ze naar P&O gegaan om te vragen gezamenlijk naar de directie te gaan. De constructieve aanpak oogstte daar veel lof.

II JE WILT ERGENS NAARTOE

Je werk bevalt prima, maar je wilt iets anders. Je wordt wethouder, je accepteert in het verenigingsleven functies, je wordt actief in een aantal medezeggenschapsorganen, je gaat vrijwilligerswerk doen, je gaat een boek schrijven, promoveren, opnieuw studeren, je wijden aan zorgtaken et cetera. Je werk is misschien belangrijk, maar andere zaken zijn óók belangrijk en vragen aanpassing. Dat betekent in elk geval dat je de belasting aankunt en dat kan een geruststelling voor de werkgever zijn. Daarnaast betekent het dat je ook oog hebt voor andere zaken dan het werk en dat waardeert de ene werkgever meer dan de andere.

Hoe kun je het realiseren?

Hoe je tot een minder belastend pakket komt, is sterk afhankelijk van waarom je minder belasting wilt. Als het vooral een kwestie is van te veel werk, dan kunnen een kleinere *caseload*, minder uren werken, minder opdrachten, minder reistijd of meer thuiswerken, minder overlegmomenten en afstemming et cetera een optie zijn.

Als je de kwaliteit van het werk belastend vindt, dan kun je zoeken naar manieren om die druk te laten afnemen: lagere target, meer uitvoering en minder coördinatie, minder lastige klanten, minder acquisitie en klachtenafhandeling, minder reistijd et cetera.

Zoek naar wat jou de nodige verlichting biedt.

Wat bied je aan?

Transactioneel
Er kunnen ruilaspecten aan zitten als je bijvoorbeeld minder belastende klanten wilt, minder wilt reizen en daarvoor ook een stap terug in loon gaat doen.

Er zijn ondernemingen die in het HR-beleid verschillende sporen kennen. De ene groep gaat voor veel investeren in persoonlijke groei en stevige targets en deelnemen aan innovatie. De andere groep gaat voornamelijk voor productie en een minimum aan overleg. De laatste groep staat het verst van de onderneming en heeft een soort veredeld freelance contract. Het is mogelijk om de eerste groep een hoog salaris te geven en de laatste groep een laag basissalaris te geven en verder voornamelijk op verrichtingenbasis te betalen. Ga na of dit soort arrangementen mogelijk zijn.

Transformationeel
Zie 'Onderhandelen over tijd', bladzijde 55 e.v.

Mogelijke tegenargumenten

- *Als je het werk niet meer aankunt, moet je overwegen een andere functie te aanvaarden. Het is hier geen sociale instelling.*
  Een gesprek is onmogelijk als de leidinggevende niet wil meewerken aan een oplossing. Een erg resolute startpositie zoals deze roept de vraag op of de leidinggevende zich wel medeverantwoordelijk voelt voor de situatie en een aandeel in de oplossing wil hebben.

Leidinggevende:	Als je het werk niet meer aankunt, moet je overwegen een andere functie te aanvaarden. Het is hier geen sociale instelling.
Jij:	Als je benadrukt dat het geen sociale instelling is en meteen als oplossing aanreikt dat ik naar een andere functie moet uitzien, heb ik niet het idee dat wat ik in dit gesprek ga zeggen nog wat uitmaakt. Ik zou graag een open gesprek willen, waarin we beiden verantwoordelijk zijn voor de uitkomst.
(stilte)	
Leidinggevende:	Nou ja, ik vind het wel lastig.
Jij:	Wat vind je lastig?
Leidinggevende:	Nou, om dit werk parttime te doen of om niet ten volle mee te doen. We hebben hier eigenlijk geen *light duty*-taken. En onze salarissen zijn niet flauw.
Jij:	Oké, daarmee zeg je heel wat. We zullen het eens punt voor punt doornemen.

- *We zullen in de toekomst alleen maar meer verlangen. Het wordt nooit minder druk.*
  Er waait kennelijk een gure wind door de organisatie. De anorexiestrategie heeft toegeslagen: altijd maar meer eisen en telkens weer kortetermijnresultaten verlangen, waardoor innovatie, persoonlijke ontwikkeling en het leveren van kwaliteit ondergeschikt zijn aan financiële kengetallen en andere cijfermatige kompassen, die niet de hele en echte werkelijkheid aangeven. Vraag naar de ratio erach-

ter en welke consequenties een dergelijke visie op het menselijk talent heeft. Wellicht kom je erdoorheen. Misschien ook niet. Als het motto is niet zeuren en wie niet mee wil, die vertrekt maar, dan zal het moeilijk zijn een ander geluid te laten horen. Dat zal in elk geval een stevige, autonome insteek in het gesprek verlangen. Die past ook beter bij de machocultuur dan een erg vragende en faciliterende aanpak.

Leidinggevende:	We zullen in de toekomst alleen maar meer verlangen. Het wordt nooit minder druk.
Jij:	Hoezo?
Leidinggevende:	Niemand werkt hier echt hard! Allemaal verwend. Dat zal moeten veranderen. We zetten daar ook instrumenten op. En onze aandeelhouders nemen ook geen genoegen met dat flauwe percentage dat we halen.
Jij:	Die toon en aanpak is niemand hier gewend.
Leidinggevende:	Wie het niet aanstaat, mag vertrekken.
Jij:	

- Je kunt in je eentje niet een cultuur veranderen.
- Het verzuimcijfer en het verloop zijn nu al hoog, dus dat zal nog wel wat stijgen. En dan een paar keer voor de kantonrechter met alle gedoe en kosten van dien. De aandeelhouders zullen jou ook wel willen spreken.
- Lees maar eens *De anorexiastrategie* of *De intensieve menshouderij* of *Beroepszeer*. Misschien ga je dan wat genuanceerder kijken.

■ *In jouw functie kun je niet parttime werken.*
Zie de tegenargumenten op bladzijde 63 e.v.

■ *Is je werk dan niet meer belangrijk voor je?*
Zie de tegenargumenten op bladzijde 63 e.v.

■ *Het is een fase. Neem verlof en dan praten we verder.*
Zo'n opmerking kan als paternalistisch gedrag verstaan worden: de goede huisvader zorgt voor zijn werknemers en weet wat goed voor

ze is. Als je dat gevoel krijgt, kun je dat melden. Je kunt ook inhoudelijker reageren en aangeven dat je er lang over nagedacht hebt en bij deze aanpak uit bent gekomen. Je hebt ook al overlegd met een aantal mensen aan wier oordeel je hecht, dus het voorstel is nu echt aan de orde.

- *Wat zullen collega's zeggen als ik jou een licht pakket geef?*
Taakverlichting kan tot scheve ogen leiden. Bij zwangerschapsverlof vangen steeds meer 'achterblijvers' het werk op zonder extra faciliteiten, waardoor er steeds minder draagvlak voor verlof komt. Ook zijn er wel gevallen bekend bij sociale diensten waar medewerkers na een erg vervelende ervaring op advies van de bedrijfsarts een tijd geen huisbezoeken doen en de andere collega's daarvoor het begrip verliezen. Zij doen meer huisbezoeken en hebben ook zo hun verhalen. Alle reden om niet te licht aan de belangen van anderen voorbij te gaan. Dus opmerkingen als 'Ik zit hier nu en als zij wat willen, moeten zij zich maar melden' scoren niet zo goed. Maar kom wel op voor jouw belangen. Dus geef aan dat het voor jou een wezenlijke kwestie is die opgelost moet worden, maar dat in de communicatie met anderen er goed nagedacht moet worden over hoe de boodschap gebracht wordt. Ook kun je aangeven dat het management sowieso na moet denken over hoe belasting en belastbaarheid voor iedereen voldoende in balans blijven door een goed arbo- en preventiebeleid.

WETTELIJKE KADERS

De Wet aanpassing arbeidsduur geeft je de mogelijkheid formeel een verzoek te doen om minder te werken. Zie ook de bespreking ervan op bladzijde 66 e.v..

De Wet verbetering poortwachter en de Wet loondoorbetaling bij ziekte zijn de wettelijke regelingen die gelden bij ziekte. Elke onderneming heeft op basis van de Arbowet een verzuimbeleid. Daarin zijn de algemene bepalingen opgenomen voor wat geldt als je je ziek meldt.

Weinig organisaties kennen een gestructureerd preventiebeleid, waarin er mogelijkheden zijn om bij eerste waarschuwingen van overbelasting aanpassingen te doen. Dat kan doorgaans wel in individueel overleg. Er is wel calamiteitenverlof als je waterleiding springt, maar niet als er iets in jou knapt. Dan is het ziekmelden of niet.

2 Procedureniveau

SAMENVATTING

- Inleiding over de stappen die je in een onderhandeling zet.
- Over contracteren en echte afspraken maken.
- Stappen in het gesprek:
  1. Voorbereiding
  2. Opening
  3. Agenda en procedurevoorstel
  4. Eerste positiekeuzen
  5. Exploreren
  6. Convergeren
  7. Formuleren van deal en afspraken maken
  8. Evaluatie
  9. Afsluiting

Een belangrijk aspect van onderhandelen is de procedure van het gesprek. Dat wil zeggen dat je oog hebt voor de organisatie van het gesprek, de leiding in het gesprek, de opbouw en het technische verloop. Denk bijvoorbeeld aan het opstellen van een agenda met daarin de volgorde van wat je wilt bespreken. Maar ook is relevant de vraag wanneer je een deal sluit: meteen als je het eens bent of bespreek je eerst verschillende opties.

Het procedureniveau staat tussen de inhoud, dus dat waar je concreet over onderhandelt, en de samenwerking, in hoe gaan we met elkaar om. Je komt aan de organisatie van het gesprek toe als de samenwerking geen problemen oplevert. Is dat wel het geval, er is irritatie of te weinig vertrouwen dat het gesprek wat op zal leveren, dan dient dat eerst geadresseerd te worden.

Een onderhandeling bouw je als volgt op.

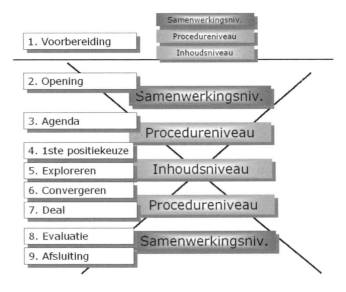

1. Voorbereiding: individuele voorbereiding voorafgaand aan het gesprek.
2. Opening: kennismaking, praatje, ijs breken.
3. Agenda en procedurevoorstel: wat is het doel van dit gesprek en hoe pakken we het aan?
4. Eerste positiekeuze: wat wil jij en wat wil ik? Eventueel meerdere keren als er verschillende onderwerpen zijn.
5. Exploreren: waarom wil jij wat je wilt, kun je ook op een andere manier je zin krijgen?
6. Convergeren: pakketten of een deal. Uiteindelijk moet het gesprek tot een overeenkomst leiden.
7. Formuleren van deal en afspraken maken. Zorg dat alles concreet genoeg afgesproken is en loop de afspraken nog even kort na.
8. Evaluatie: goed gesprek gehad? Taaie momenten?
9. Afsluiting: praatje, vooruitkijken.

We zullen per punt bespreken wat er op het vlak van procedures aan de orde kan zijn.

Eerste positiekeuze essentieel

Een erg belangrijke stap in de onderhandeling is het neerleggen van je wensen of eisen in een positiekeuze. Jij doet dat en je leidinggevende doet dat en dan is duidelijk wat de afstand tussen de twee posities is. Zo'n positie innemen, is een essentieel moment in een onderhandeling omdat je dan ook nadrukkelijk stelt wat je wilt. Leg dus niet een probleem of een vraag neer. Dat is ook het verschil tussen een onderhandeling en een probleemoplossinggesprek. Wie een claim neerlegt, stelt zich op als een gelijkwaardige gesprekspartner. Wie een vraag stelt, wordt afhankelijk van de toestemming van de ander. Wie een probleem neerlegt, vraagt om hulp en is voor de oplossingsrichting afhankelijk van waar de ander mee komt.

Onderhandeling	Vraag stellen	Probleemoplossing
Jij: Ik wil voortaan woensdag vrij zijn.	Jij: Denk je dat het mogelijk is dat ik voortaan de woensdag niet meer werk?	Jij: Ik merk dat ik het de laatste tijd erg druk heb. Ik loop echt van het een naar het ander. Soms begin ik al moe aan een dag.
Roept stelling van de ander op: wat wil ík?	Roept antwoord op: ja of nee. Initiatief ligt bij de ander.	Roept counseling op en oplossingsrichting ligt nog geheel open.
		Risico is dat je zelf wel weet wat de oplossing moet zijn. Risico is dat aanbrengen probleem zonder oplossing de ander irriteert.

Zeker als je weet hoe je iets wilt hebben, is het vreemd je wens als open vraag neer te leggen. Stel dat je weet dat je een opleiding wilt doen die je inzicht moet geven in hoe je overtuigender kunt overkomen in gesprekken. Het zou dan een paar stappen terug zijn om met een leidinggevende een open gesprek over jouw ontwikkelbehoefte aan te gaan. Je weet toch al wat je wilt?

> ▶ Waar neig je toe? Een probleem neerleggen, een vraag stellen of een positie innemen? Hoe heb je eerdere gesprekken aangepakt?

Contracteren

Onderhandelen is een complexe gespreksvorm, waarbij zoals hierboven al beschreven werd, telkens op meerdere niveaus gecommuniceerd wordt. Te vaak wordt een gesprek gevoerd en wordt onvoldoende expliciet vastgesteld en doorgegeven wat er nu gebeurt:

- Spanningen en fricties worden niet geadresseerd, maar steken voortdurend de kop op en leiden tot een moeizaam gesprek.
- Wantrouwen is een onderstroom die ertoe leidt dat er nooit een écht gesprek komt.
- Verwachtingen en normen worden niet uitgesproken, maar wel gehanteerd om de ander de maat te nemen.
- Procedures worden niet vastgesteld en dat wreekt zich als een partij opeens wil stoppen of stelt dat iets onbespreekbaar is et cetera.
- Afspraken worden door partijen anders geïnterpreteerd, waardoor er relationele spanningen ontstaan: de ander houdt zich niet aan zijn woord.

Om deze misverstanden te voorkomen of snel op te lossen, is het essentieel bij alle belangrijke stappen in het gesprek te 'contracteren': vat de afspraak zo concreet mogelijk samen en vraag expliciet om akkoord. Dan weet je allebei waar je staat. Het is een manier om duidelijkheid te scheppen, verwachtingenmanagement.

Wees er alert op om op procedureniveau te contracteren alvorens het gesprek te beginnen.

Dus niet:

A: Nou, we zullen eens beginnen met de hele zaak. Geef jij eerst maar aan wat jij wilt, dan doe ik dat daarna. Dan bespreken we het verder met z'n allen.

B: Prima. Nou, wij willen ...

Maar:

A: Goed, het doel is tot een afspraak te komen over het aantal vrije dagen in 2007. Dat is ook jouw beeld?

B: Ja.

A: Prima. Wil jij eerst jouw voorstel presenteren? Er is dan kort ruimte voor vragen, maar alleen beeldvormend. Daarna presenteren wij ons voorstel met ook weer daarna een korte vragenronde.

B: Prima.

A: En dan moeten we vaststellen hoe we tot de dagen komen ...

B: Nou, ik wil in elk geval voorstellen om ze pas aan het eind van het gesprek vast te stellen. Dus ook als we het beiden eens zijn over de dagen, dan toch die pas vast te stellen als we het hele plaatje rond hebben.

A: Akkoord. Laten we na de twee presentaties kort schorsen en dan met een procedurevoorstel komen.

Contracteren is ook essentieel op samenwerkingsniveau. Als er spanningen zijn, adresseer die en sluit af met een afspraak. Zie ook 'feedback' geven. Immers, dan kun je later in het gesprek als het euvel nog eens opduikt terugkomen op de afspraak.

Dus niet:

A: Ho, stop. Ik wil niet in de rede gevallen worden. Ik vind dat onbeleefd. Nou, waar was ik.

B: ...

A: O ja, het ging over de vrije dagen.

Maar:

A: Even wachten. Je interrumpeert mij nu voor de derde keer. Dat geeft mij het gevoel dat wat ik in wil brengen niet belangrijk is. Ik wil graag uit kunnen spreken.

B: ...

A: Akkoord?

B: Prima. Ga je gang. Ik ben soms wat ongedurig.

A: Oké, terug naar de vrije dagen.

En uiteraard is het essentieel ook de inhoudelijke afspraken zo concreet mogelijk samen te vatten en na te gaan of dat de afspraak is. Neem eventueel de tijd de afspraak op papier te zetten en deze daarna vast te stellen. Een tekst is minder voor dubbelzinnigheid vatbaar dan een mondelinge afspraak.

Voorbereiding

We kunnen niet genoeg benadrukken dat voorbereiden essentieel is. Voorbereiding inhoudelijk ligt voor de hand, maar ook op samenwerkingsniveau en procedureniveau is het van belang vooraf te bedenken wat zal werken, advies in te winnen, te oefenen et cetera.

Wanneer beleg je het gesprek?

Als je gaat onderhandelen over de arbeidsvoorwaarden voor een nieuwe baan, dan wordt daar een afspraak voor gemaakt en is voor iedereen duidelijk wat het doel van het gesprek is. Als je in je huidige baan onderhandelt, is het zoeken naar het meest geschikte moment. Je kunt aansluiten bij de beoordelings- en beloningscyclus om je wensen kenbaar te maken, maar je kunt ook ad hoc een gesprek aanvragen. Sommige wensen zullen gevolgen voor de begroting hebben en moeten dus tijdig – doorgaans in het najaar – kenbaar gemaakt worden en andere wensen hebben gevolgen voor jouw plaats in het salarisgebouw en dat kan bijvoorbeeld alleen per 1 januari en 1 juli.

Na een periode gewerkt te hebben, hoorde Toon hoe anderen ingeschaald waren. Dat was toch wel wezenlijk hoger dan wat hij had. Nu kwam de prijscompensatie er ook al niet door, door een beroerd onderhandelende OR die dat regelt. Toen Toon laatst weer van alles moest betalen, was hij het beu. Hij stuurde een mailtje naar zijn leidinggevende dat hij dringend eens over zijn beloning wilde praten. Nou, dat viel helemaal verkeerd! 'Dat toen we hier niet per mail' en 'Dat doen we altijd in ons oktober-gesprek'.

INHOUDELIJKE VOORBEREIDING

We behandelen de inhoudelijke voorbereiding in het deel over het inhoudelijke niveau van onderhandelen.

WIE NEMEN DEEL AAN DIT GESPREK?

Van belang is te weten wie deelnemen en wat hun rol in het gesprek is. Welk mandaat hebben zij? Heeft de direct leidinggevende de bevoegdheid alles met je rond te maken, moet het getoetst worden door HR of door de hoofddirectie? Wat weet je over hun insteek ten aanzien van het gesprek: is HR er vooral om niet-standaardregelingen tegen te houden, zit de directie op een bezuinigingskoers, is de HR-visie van de leidinggevende minder ontwikkeld dan zijn rekenmeestertalent? Of verheug je je al op de inhoudelijke discussie waar je gesprekspartners om bekendstaan?

Sabine zat in een traject waarin ze van junior adviseur naar adviseur kon gaan. Na een aantal opdrachten en opleidingen was er een gesprek met de directie. Gaandeweg het gesprek bleek dat dit hét afrondende gesprek was ... Gelukkig ging het erg goed; het traject was zo indringend dat er geen aparte voorbereiding op dit gesprek nodig was. Maar had Sabine zich de status gerealiseerd, dan had ze de leerdoelen en beoordelingen kunnen mailen en een kleine presentatie achter de hand kunnen hebben.

Als je al in de organisatie werkzaam bent, heb je hier meer kijk op of kun je makkelijker collega's die kennis van zaken hebben benaderen dan wanneer je als buitenstaander je arbeidsvoorwaardenonderhandeling voor een baan aangaat. Vertrouw ook niet te veel op de jaarverslagen, internetsites en mission statements. Er zijn veel organisaties die HR-statements te pas en te onpas gebruiken, zoals 'mensen zijn onze belangrijkste bron voor succes' of 'onze medewerkers zijn een strategische factor en de kritische succesfactor' of 'ons menselijk talent is datgene wat de organisatie elke dag weer maakt tot wat zij is'. Terwijl die statements van de top en wat wakkere marketingcommunicatiemedewerkers zijn en de rest van de organisatie er niet van weet en zeker niet van wil weten. *Common sense* is geen *common practice.*

Benader de afdeling HR, de OR, je aanstaande collega's, je aanstaande mentor of degene die je inwerkprogramma regelt met je vragen. Geef aan dat je je voorbereidt op je arbeidsvoorwaardengesprek en het op prijs zou stellen als je wat input van hen daarbij krijgt. Wat ons betreft is dat geen vreemde of brutale aanpak. Maar als je het toch wat brutaal vindt, bied je je gesprekspartner een uitweg: 'Ik weet niet of het gevoelig ligt ...' of 'Ik kan me voorstellen dat je er liever niet over praat ...

> Ter voorbereiding van een arbeidsvoorwaardengesprek voor een nieuwe functie belde Jeannette de afdeling HR met de vraag of zij de salarisschalen kon krijgen. En graag de functieomschrijvingen en –waarderingen voor de functie waar zij op solliciteerde. Geen punt en komt eraan, totdat bij het noteren van haar adres bleek dat Jeannette niet in het bestand stond en dus geen medewerker was en dus die spullen niet kon krijgen. Jeannette en de HR-officer praatten nog wat door en het bleek dat het voor medewerkers toegankelijke info was, gewoon op het intranet. Toen Jeannette zei dat ze bijna-medewerker was en toch ook wel even mocht kijken, begon er aan de andere kant wat te kantelen. De HR-officer stelde voor dat Jeannette het begeerde document kwam inzien. Toch weer wat meer houvast bij het bepalen van haar wensen.

WAT IS DE PLAATS VAN DIT GESPREK IN DE PROCEDURE?

Wat is de status van het gesprek dat je gaat voeren? Is dit hét gesprek waarin de deal wordt gemaakt? Zo ja, dan is een eventuele schorsing, denkpauze, afkoelperiode of ruggespraak met 'de achterban' een uitzondering waar je vooraf ruimte voor moet bedingen als je dat zou willen. Zo nee, dan is het essentieel te weten hoe het hele traject eruitziet.

Het is niet ongebruikelijk dat een leidinggevende in principe de afspraken maakt en dat er een formeel akkoord van de hogere legerleiding moet komen. In de meeste gevallen is dat een soort veto dat de directie zich voorhoudt om al te rare zaken te voorkomen. Het positieve advies van de leidinggevende aan het eind van het gesprek is doorgaans zekerheid genoeg. Als jij het gesprek met het hogere echelon voert, heb je meer grip dan wanneer je leidinggevende dat doet. Je kunt in dat laatste geval wel inbreken op die procedure door te vragen aanwezig te zijn (voor een (hernieuwde) kennismaking) of om ingesloten te worden bij de correspondentie.

Het schijnt een klassieke onderhandelingstruc te zijn, die de Duitse vliegtuigbouwer Dasa toepaste in de onderhandelingen met Fokker: de tweede man sturen en als de deal rond is – iedereen blij, moe en opgelucht – koeltjes melden dat er nog even goedkeuring van het hoofdkantoor moet komen. Je voelt al aan dat het hoofdkantoor ook nog wel wat wensen heeft en er dus nog een rondje onderhandeld moet worden.

Bij zwaardere benoemingen en bij opleidingen met een stevige kostenpost is het gebruikelijker dat het hoogste niveau zich bemoeit met de procedure. Het is in die gevallen zelfs mogelijk dat jij en je leidinggevende onderhandelen met de directie. Ga bij die zwaardere procedures na hoe je leidinggevende tegenover de kwestie staat en vergewis je van echte steun of weet waar zijn aarzeling ligt. Ga ook na hoe opinion leaders over de zaak denken. Bij dit soort benoemingen spelen mogelijk politieke overwegingen een rol, omdat het dan niet alleen gaat over de vraag of jij iets krijgt of niet (dat account, dat zware project, die internationale MBA-opleiding, die seniortitel) maar het zeer wel kan zijn dat een ander dat dus niet krijgt.

> Enrique was met zijn leidinggevende helemaal rond over een promotie. Enrique bleef hetzelfde werk doen, maar kreeg daarbinnen wat zwaardere klussen en enkele coördinerende taken. De stap in salaris die daarbij hoorde, was substantieel en een aantal regelingen werd gunstiger, bijvoorbeeld de leasenorm.
>
> Enrique ging ervan uit dat er een gesprek met de directie was belegd om het te bekrachtigen en wat afspraken te maken voor business unit overstijgende projecten. Gaat de directeur opeens allemaal kritische vragen stellen! En maar drammen over dat Enrique te weinig acquisities deed en te weinig uit bestaande accounts haalde. Na allerlei gedoe wilde hij de promotie niet dwarsbomen, maar had hij wel 'behoefte wat mee te geven'! Nu zit Enrique met een sideletter bij zijn benoeming en voelt hij zich onder curatele gesteld.

Het is ook mogelijk dat de directie arbeidsvoorwaarden centraal wil bewaken en dus zelf of via HR de vinger aan de pols wil houden. In die gevallen is er deels sprake van een onderhandeling en deels van een procedurele toets. Weet in elk geval wie waarop gaat toetsen.

Bij de arbeidsvoorwaardenbespreking voor indiensttreding is het lastiger om van buiten de organisatie in te schatten wie welke rol speelt en wie welke belangen heeft in het traject. Vraag dat gewoon: wie kom ik in dit traject tegen en wie welke belangen hebben zij? Staan zij bekend om bepaalde spaarzaamheid, commerciële gevoeligheid?

En jij? Moet jij de deal nog verdedigen tegenover iemand? Als dat het geval is, voorkom dan de *tell-and-sell*-methode en bespreek vooraf wat de limieten zijn. Op naar de keukentafel voor achterbanberaad.

Nieuwe baan en onderhandelen; hoe later hoe beter

Hoe verder je in een procedure komt, hoe duidelijker het wordt dat jij een goede kandidaat bent. Je haalt kennelijk de selecties en de organisatie stopt geld en tijd en aandacht in jouw selectie. Als de hele selectie doorlopen is en jij bent de kandidaat, als je het over het geld eens kunt worden, mag je er dus van uitgaan dat je in hun ogen gekwalificeerd bent. Dat geeft zelfvertrouwen en versterkt je onderhandelingspositie. Ga in het traject wel na of jij en je aanstaande werkgever hetzelfde beeld hebben over je inzetbaarheid. Hoelang denk jij en denken zij dat je ingewerkt moet worden en vanaf wanneer doe je vol mee?

Het is aan te bevelen vroeg een indicatie van het verwachte salaris uit te wisselen. Dit om te voorkomen dat er een grote afstand tussen aanbod en wens zit. Daarbij kun je met veel slagen om de arm je hoogst verdedigbare bod neerleggen. Stel ook dat je dat bedrag alleen maar noemt als grove indicatie. Het is ook in jouw belang om niet na een spannende selectie geconfronteerd te worden met een juniorsalaris terwijl jij jezelf als snel inzetbare medior ziet.

Wanneer begin je erover in je huidige baan?

De meeste organisaties hebben een beoordelings- en beloningsbeleid waarbij periodiek een gesprek gevoerd wordt om vast te stellen hoe je presteert en welke gevolgen dat heeft voor je beloning. Uiteraard is een dergelijk gesprek het moment om met arbeidsvoorwaardelijke wensen te komen. Het kan geen kwaad om bij het plannen van een afspraak al wensen op het vlak van promotie, meer salaris, een opleiding of een ander takenpakket aan te kondigen. Laat je leidinggevende zich er ook maar op voorbereiden.

In functioneringsgesprekken is er, om te voorkomen dat er een onvoldoende open sfeer ontstaat, doorgaans juist geen koppeling met beloningen. Immers, als de uitkomst van het gesprek een oordeel over een extra periodiek is, dan ga je jezelf misschien verkopen in plaats van met je leidinggevende een goed tweerichtingsgesprek te hebben over jouw en zijn functioneren.

De meer inhoudelijke kanten van werk kun je dan wel bespreken en de onderhandeling erover starten. Immers, bij een gesprek over uitdagingen en of er nog voldoende prikkels van het werk uitgaan of bij het vooruitkijken, is het juist het moment jouw wensen op tafel te leggen.

Ook gesprekken over tijd kunnen in een functioneringsgesprek besproken worden omdat het aspecten kunnen zijn die je nu hinderen of die jouw functioneren in de toekomst kunnen bevorderen.

Mocht je tussendoor behoefte hebben aan een gesprek of mocht je organisatie niet een dergelijke structuur kennen, dan is het aan jou om het beste moment te kiezen. Doorgaans is het handig om aan te kondigen dat je wensen hebt en wat die op hoofdlijnen zijn en dan in een of meer gesprekken de kwestie te bespreken. De aankondiging, liefst mondeling bij je leidinggevende, dan zie je meteen zijn reactie, geeft jou en de leidinggevende de kans te wennen aan het idee. Een vervolggesprek plannen voorkomt dat een primaire reactie ('Nee. Kan niet') einde oefening is.

Het kan zijn dat je in een wat formele organisatiecultuur werkt en het in die cultuur past om een brief met je wensen op te stellen. Dan nog kan het van persoonlijke kracht getuigen om die brief niet te sturen maar persoonlijk te overhandigen en mondeling even aan te geven wat de strekking in hoofdlijnen is.

Mocht je wachten op een geschikt moment, dan is ons antwoord 'nu'. Niet uitstellen of wachten op een ideaal moment, want dat moment komt niet. In *Het antwoord op Hoe? is Ja!* geeft Peter Block aan dat discussies over hoe je iets moet aanpakken doorgaans vragen zijn naar gebaande paden en onzekerheidsreductie en soms zelfs indicaties zijn dat je het eigenlijk niet wilt, durft of kunt. Vandaar zijn stelling bij discussies over hoe je iets aan moet pakken: vraag je eerst af of je het wel echt wilt en als je dan volmondig ja zegt, heb je voldoende energie om het 'hoe' te bepalen.

WAT WIL JE: BELANGEN EN POSITIES (NUL SOM OF WIN-WIN?)

Met *Getting to yes* (*Excellent onderhandelen*) hebben Fisher, Ury en Patton hét standaardwerk over onderhandelen geschreven. Het geeft een principiële én praktische invulling aan onderhandelen.

Je hebt onderhandelingen die het karakter hebben van een taart verdelen: wat jij krijgt, krijg ik niet. De som van de uitkomst is altijd nul: nul-somonderhandelingen, dus. Wat jij meer krijgt aan salaris, vrije dagen of geld en tijd voor je MBA betaalt de baas en verliest hij dus.

Je hebt onderhandelingen die het karakter hebben van de taart vergroten, voordat het over verdelen gaat. Dat zijn de zogeheten win-winonderhandelingen. We zoeken naar oplossingen die mij helpen en jou niks of weinig kosten en vice versa. Iedereen haalt zijn doel en zo min mogelijk ten koste van elkaar. Jij krijgt een provisie bij bepaalde omzet, dus de baas casht omzet en jij casht provisie. Iedereen wint.

> ▶ Wat is jouw beeld van win-winonderhandelen? Toch niet happy-happy onderhandelen, dat wil zeggen confrontaties schuwen en erg voorkomend zijn?

> ▶ Lees eventueel eerst de voorbeelden onder nul som en win-win en pas daarna de toelichting.

Hierna een paar triviale voorbeelden, die vooral bedoeld zijn om het soort gesprekken te illustreren.

Nul som

Als de taart verdeeld moet worden, neem je een positie in (eerste positiekeuze). De ander doet dat ook en dan begint het trekken en duwen.

A: Ik wil een halve taart.

B: Ik wil driekwart taart.

A: Ik denk dat we er evenveel recht op hebben, dus fifty fifty.

B: Ik denk van niet. Ik heb de taart gehaald, dat kostte tijd, heb hem voorgefinancierd en ik heb een mes gehaald. Die inspanningen wil ik gecompenseerd zien.

A: Oké, maar een kwart meer is dan niet redelijk. En je hebt niet gevraagd of ik niet ook iets wilde doen, dus je kunt nu niet een prijs koppelen aan iets waar vooraf niet over gepraat is.

B: Dat snap ik. Maar als we nu eens vaststellen dat ik meer krijg. Wat dacht je dan van drievijfde voor mij en tweevijfde voor jou?

A: En vlak niet uit dat jij al wat overgewicht hebt en laatst klaagde over je cholesterol, dus moet je wel taart eten? Ik zeg het voor je eigen bestwil.

B: Ik maak me wel zorgen over mezelf, mensenvriend die je er bent. En jij mag ook wel oppassen met wat je eet, hoor.

A: Ik kreeg van de dames hier op de afdeling laatst nog complimenten over mijn figuur.

B: Leuk hoor. Drievijfde en tweevijfde dus?

A: Oké, maar volgende keer overleg je voordat je van alles gaat doen.

B: Vooruit dan.

Het voorbeeld is wat luchtig, maar het geduw en getrek en een kleine uitstap naar de persoon horen bij wat we noemen positioneel onderhandelen. Een positie innemen en aanvallen en verdedigen.

Positionele onderhandeling:

- Bereid argumenten voor met betrekking tot je positiekeuze.
- Anticipeer op tegenargumenten die jouw argumenten ontkrachten.
- Bereid je voor op argumenten tegen de positiekeuze van de ander.
- Bouw aan een strategie: welke argumenten eerst en wat houd je achter de hand? Kom je meteen met je belangrijkste argument op de proppen of houd je dat superargument achter de hand?
- Bereid je mentaal voor op wat vuurwerk en een pittig gesprek. Houd het echter eerlijk: dus niet op de persoon spelen, geen valse deskundigheid oproepen, niet het standpunt van de ander kleineren.
- Houd je kaarten tegen de borst. Zorg dat de ander niet weet wat voor jou de limieten en belangrijkste eisen zijn, want anders ben je je wisselgeld meteen al kwijt.

Jij: En dan heb ik nog wat: ik wil een cursus snel lezen doen.

Baas: Zo, waarom dan?

Jij: Ik moet zoveel lezen en ik krijg het niet bijgebeend.

Baas: Je moet ook niet alles lezen. Hoofd- en bijzaken scheiden, zeker niet alle mails lezen, goed op kopjes en titels letten. Ik kan je wel eens wat tips geven.

Jij: Ik wil een cursus. Niet even wat tips maar een dag helemaal aan de bak ermee.

Baas: Nou, ik zie het nut daar niet van. Maar als jij het wilt.

Jij: Ja, maar ik wil dat jij het betaalt én ik doe het voor mijn werk, dus ik wil de cursus ook als werktijd beschouwen.

Baas: Nou, ik vind dat je voor jouw functie dat al moet kunnen. Dus als jij een cursus wilt doen, prima, maar het is voor jouw rekening.

Jij: Jullie betalen toch altijd cursussen? En die vage sessies die Piet vorig jaar deed, die sponsorden jullie toch ook?

Baas: Ik bespreek hier niet wat ik met Piet heb geregeld, maar neem van me aan dat wij daar genuanceerder naar gekeken hebben dan jij denkt. Wat kost dat snel lezen eigenlijk?

Jij: Een dag kost 750 euro. En ik kan het in een dag doen en heb een halve dag voorbereiding met wat opdrachten.

Baas: Nou ja, die kosten zijn ook niet zo schokkend. Over die tijd is wat mij betreft niet te onderhandelen: als je het wilt, gebeurt het in jouw tijd.

Jij: Eerst die kosten dan. Jullie 100%? Is fiscaal toch ook interessant om kosten te maken?

Baas: Geld uitgeven is nooit interessanter dan het niet uitgeven. Fiftyfifty?

Jij: Ik vind écht dat ...

Baas: Oké, wij pakken die rekening wel op. Maar dan ben jij deze periode wel klaar met cursussen die niet direct uit het werk voortvloeien.

Een kleine poging tot win-win zit in de vraag of je op een andere manier dan de cursus ook kunt leren sneller te lezen, dan wel sneller door informatie heen te komen. Verder is het positioneel: wat jij wint, verlies ik.

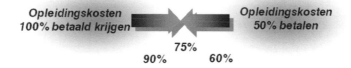

Opleidingskosten
100% betaald krijgen

Opleidingskosten
50% betalen

75%

90%   60%

In een positionele onderhandeling leidt het innemen van een positie snel tot aanvallen en verdedigen. Dat leidt makkelijk tot escalatie. Ook is de uitkomst doorgaans iets tussen de twee posities in, afhankelijk van de kracht van de deelnemers.

Win-win

Om de taart te vergroten is creativiteit nodig, want wat men meteen denkt na de eerste positiekeuze is bijna altijd: middelen en klaar. Oftewel: zullen we het verschil delen? Dus om de taart te vergroten moeten we vragen stellen en zoeken naar ruimte, voordat we gaan verdelen.

A: Kijk, de taart.

B: Ja, lekker. Samen een taart opeten.

A: Nou, heerlijk. Hoe zullen we het eens aanpakken?

B: Dat opeten?

A: Ha, ha. Nee, dat zal wel lukken. Ik bedoel het verdelen?

B: We kunnen 'm doormidden snijden ...

A: Kan zeker, maar misschien kunnen we naar meer maatwerk?

B: Hoe bedoel je?

A: Nou, wat vind jij nou het lekkerst aan een taart?

B: De vruchtjes en de slagroom. Cake vind ik niet meer dan een handvat.

A: En hoeveel trek heb jij?

B: Nou, heel veel maar ...

A: Maar ...

B: Maar ik moet wel een beetje met vet en suiker oppassen.

A: Hoezo?

B: Nou, ik begin last van mijn gewicht te krijgen en mijn huisarts deed ook al zo ongezellig met allerlei termen als overgewicht, diabetes en zo.

A: Tja, dat is ongezellig maar wel helemaal van deze tijd.

B: Dat wel. Ja, en dan kan ik wel taart bewaren maar dan smaakt hij naar de koelkast. Als ik 'm al bewaar, want als ik weet dat hij in de koelkast staat ...

A: Dan hoor je 'm roepen!

B: Nou! Maar jij, wat wil jij?

A: Ik vind ook de vruchtjes lekker, maar vooral die achterkant met amandelen. En ik wil zelf graag een stuk, maar ik wilde ook graag wat geven aan Bert. Die heeft me laatst een dienst bewezen en dan wil ik wel eens wat terug doen. Ik geef trouwens niks om slagroom en ik heb nog zo'n bus uit het kerstpakket staan dus neem die vooral straks even mee als je wilt.

B: Graag. Maar één stuk voor jou en wat om die goede Bert te trakteren – die verdient het ook vind ik – en dan vooral de achterkant. Zeg ik het zo goed?

A: Ja. Zullen we eens wat tekenen? Hoe zou het eruitzien als we volgens die aanwijzing gingen snijden?

Het voorbeeld is weinig inhoudelijk, maar het gaat om het andere ritme van het gesprek: vragen stellen, keuze uitstellen en proberen andere zaken in de onderhandeling te betrekken.

WIN-WIN:

- Bereid voor wat je wilt en maak een onderscheid tussen je belang (wat je echt wilt, wat de kern is) en je positie (zo veel mogelijk manieren waarop je je doel kunt bereiken).
- Stel vragen om uit te vinden wat de ander wil en hoe dat bereikt kan worden.
- Probeer alle kaarten op tafel te krijgen, zodat je echt rekening kunt houden met elkaars wensen.
- Bedenk veel oplossingen maar neem later een beslissing.

Het kan dat alle exploratie en onderzoek ten spijt win-win niet kan. Dan ga je alsnog positioneel onderhandelen met als doel jouw deel van de taart te krijgen.

Jij:	En dan nog wat: ik wil een cursus snel lezen doen.
Baas:	Zo, waarom dan?
Jij:	Ik moet zoveel lezen en ik krijg het niet bijgebeend.
Baas:	Je moet ook niet alles lezen. Hoofd- en bijzaken scheiden, zeker niet alle mails lezen, goed op kopjes en titels letten. Ik kan je wel eens wat tips geven.
Jij:	'Wat tips' klinkt alsof het zo makkelijk is.
Baas:	O, dan schat ik het misschien lichter in dan jij. Het hindert je echt?
Jij:	Ik merk dat ik voor vergaderingen en projectmeetings stukken niet meer gelezen krijg en nooit echt bij ben met de mail.
Baas:	Dat vind je vervelend?
Jij:	Ja, logisch. Ik houd de hele dag het gevoel dat ik van alles mis en als ik ergens overleg heb, knaagt het aan me dat ik niet alles helemaal heb kunnen voorbereiden.
Baas:	Dat geeft veel spanning, dat kan ik me voorstellen.
Jij:	Ja.
Baas:	Ik kan me voorstellen dat je met zo'n cursus wat *tools* aangereikt krijgt, maar misschien moeten we breder kijken. Ik denk dat het informatieaanbod alleen maar toeneemt en sneller lezen helpt je misschien even, maar uiteindelijk moet jij beslissingen nemen.
Jij:	Ik wil soms ook te veel de touwtjes in handen houden, maar ja daarom zijn mijn projecten altijd binnen budget.
Baas:	Dat waardeer ik ook, dat weet je. Maar nu is dat even niet handig. Misschien moeten we daar eens een gesprek over hebben en allebei eens nadenken waardoor jij beter kunt selecteren waar je hoeveel tijd in stopt. Je kent mijn stelling: als projectleider moet je leiden en hoef je echt niet alle ins en outs te kennen.
Jij:	Laten we daar maar eens apart over overleggen.

In een win-wingesprek zoek je breder en dieper. Dat stelt een snelle oplossing misschien uit, maar vergroot wel de kwaliteit van de oplossing.

Wat voor het werk is,
hoort de werkgever te betalen

Investeren in mensen
doen we graag, maar het
moet wel nuttig zijn

- *50% en de rest na een jaar?*
- *100% en een beding?*
- *100% en periodieke evaluatie?*
- *100% maar dan bepaalt werkgever mede leerdoelen?*

Bij win-winonderhandelingen verken je belangen achter de positie, wat leidt tot het gevoel dat je standpunt aandacht krijgt. Het geeft ook meer afstand tot de positie en leidt makkelijker tot een gesprek, waarbij partijen met wat afstand over oplossingen nadenken. Die oplossingen kunnen dan ook creatiever zijn dan het delen van het verschil. Meerdere oplossingen bedenken en later beslissen, is ook typisch win-win.

Opdracht

Een triviale casus. Ga eens na hoe je deze positioneel en win-win oplost.

Je (A) zit op kantoor te werken. Eigenlijk ben je grieperig, maar je werkt toch door. Hart voor de zaak en er moet nog zoveel af en er is al zo weinig personeel. Je voelt je echt niet goed, maar eraan toegeven moet nog even wachten. Het is nu 11.00 uur en zo rond 12.30 uur moet je wel klaar zijn en naar huis kunnen. Thuiswerken kan niet, want je hebt je spullen nodig en toegang tot het netwerk. Je zit net even wat zaken af te werken in een lekker warme ruimte als je collega (B) binnen komt stormen. Die collega moppert dat het om te stikken is in die kamer en doet het raam open. Zonder ook maar wat te vragen.

Positioneel	Win-win
A (geïrriteerd): Wat doe jij nou?!	A (geïrriteerd): Wat doe jij nou?!
B: Het raam open. Het is hier om te stikken.	B: Het raam open. Het is hier om te stikken.
A: Doe onmiddellijk dicht! Ik ben ziek.	A: Ik voel me niet lekker, dus ik heb de kachel wat opgepord.
B: Als je ziek bent ga je toch naar huis?	B: O, wat vervelend. Wat heb je?
A: Dat kan niet. Dit moet af.	A: Verkouden met alles erop en eraan.
B: Ik moet hier ook werken en ik val om als het zo heet is.	B: En je komt toch werken?
A: Nou, even afzien dan want ik ben zo weg.	A: Nou, dit afmaken en dan snel weg.
B: Als ik dan het raam even openzet en dadelijk weer sluit.	B: Dat kan niet anders?
	A: Nee, anders zit het me dwars en als ik nog even doorpak is het af.
A: Nee, nu dicht en straks open. Ik ben over anderhalf uur weg, dus dan doe je het maar open.	B: Ja, dat is soms beter. Maar je wilt het raam dicht?
B: Nu 15 minuten voor frisse lucht en dan wordt het niet koud, dan 15 dicht et cetera.	A: Graag. Heb jij het zo warm?
	B: Man, ik kom uit een vergadering waar 15 man zich op liepen te winden in een klein hok, dus ik damp aan alle kanten.
A: Nee, zet het dan maar op een kier en dan over 15 minuten dicht.	A: O, je projectgroep!
	B: Hou op, schei uit.
	A: Ja, dan snak jij naar zuurstof.
	B: En een borrel, maar dat komt vanavond wel.
	A: En je moet hier zitten?
	B: Ja, ik moet in de computer én met m'n stukken aan de gang.
	A: Ik zit alleen in Word, dus als ik nou eens daar ga zitten?
	B: Nou, dat zou fijn zijn. Dan haal ik voor jou nog even thee en voor mij water.
	A: Oké. En nou snel weer verder, want ik wil naar huis.
	B: Snap ik.

Een agenda opstellen

Als je gaat onderhandelen is het van belang een agenda te hebben. Dan bedoelen we niet de formele vergaderagenda met notulen en WVTTK ('wat verder ter tafel komt'), maar vooral een idee hoe je punten wilt bespreken en in welke volgorde.

Maak voorafgaand aan het gesprek een aantal afspraken. Stel dat je het gevoel hebt dat je er niet uit gaat komen of je hebt het gevoel dat emoties de overhand gaan krijgen, dan is het vaak lastig om ter plekke te vragen om een schorsing of voor te stellen een vervolgafspraak te maken. Heb je vooraf aangegeven dat je over de uitkomst van het gesprek graag één nachtje slaapt, dan is er van meet af aan ruimte. Overigens ook voor de ander ...

Denk bij de voorbereiding aan:
- het doel van het gesprek: hoever willen we vandaag komen?
- volgorde van de punten;
- schorsingen, pauzes, bedenktijd;
- eerst opties verkennen en pas aan het eind van het gesprek beslissingen nemen;
- hoeveel tijd hebben we?
- wie zijn er aanwezig?
- wie maakt een verslag?
- wat is de procedure verder?

Stukken vooraf uitwisselen

Bij een onderhandeling is het niet ongebruikelijk om veel live in een gesprek te doen. Vaak willen onderhandelaars pas aangeven wat zij willen als zij de ander aan kunnen kijken en kunnen zien wat een bepaalde eis doet. Ook het reageren op elkaar en eventueel ter plekke bijstellen van eisen zijn typische onderhandelacties. Dit in tegenstelling tot bijvoorbeeld vergaderingen, waarbij je het lees- en denkwerk dat je thuis kunt doen zo veel mogelijk thuis doet. De bespreking is dan gericht op het uitwisselen van beelden en oordelen en het gezamenlijk tot actie komen.

Voor een onderhandeling is het ook prettig om vooraf stukken te krijgen, zodat je je kunt voorbereiden. En een dergelijk verzoek staat goed, want kennelijk hebben we hier te maken met een onderhandelaar die zich wil voorbereiden.

Vraag vooraf in geval van een arbeidsvoorwaardegesprek voor een nieuwe baan:

- Het conceptcontract, met paragrafen over proeftijd, salaris, standplaats, functienaam, salaris, van toepassing zijnde regelingen, geheimhoudingsverklaring, concurrentiebeding, hoe opzegging en ontbinding kunnen verlopen et cetera.
- De van toepassing zijnde regelingen, zoals pensioen, lease, ziektekosten, kinderopvang, vrije dagen en verlofmogelijkheden en studiefaciliteiten.
- Beoordelings- en beloningsbeleid, zodat je kunt zien hoe bonussen, winstdeling, gratificatie, groei door periodieken en schalen en promotie naar andere functies geregeld zijn.

Het is niet ongebruikelijk contracten vooraf te sturen of mee te geven na een gesprek, om jou de tijd te geven nog even te checken of je echt akkoord gaat met alle voorwaarden. Immers, de werkgever wil ook zeker weten dat je er echt achter staat. Met andere stukken over de brug komen, is doorgaans lastiger. Je bent nog geen medewerker en dan toch al die stukken ontvangen ... Je kunt benadrukken dat je ervan uitgaat dat die laatste hobbel, de arbeidsvoorwaarden, echt wel genomen gaat worden. Kortom, vertrouw erop dat je collega wordt.

Opening

Het gesprek openen is iets waarvan je zou zeggen dat je er niks proce-
dureels over hoeft af te spreken. Dat is toch gewoon een praatje, (nade-
re) kennismaking, koffie en andere arrangementen uitreiken et cetera.
Niet iedereen gaat dit losse onderdeel even makkelijk af. Sterker nog, er
zijn cursussen om een praatje te leren maken. Wat ons betreft niet per
se iets om voor te bereiden. Twee punten.

Val niet met de deur in huis en wacht even totdat er voldoende rust
en aandacht zijn om te beginnen. Neem de tijd om de ruimte te bekijken, loop wat rond – het straalt ook autoriteit uit als je ruimte durft in
te nemen – en ga in gesprek met wie er zijn. Ga ook nog niet zitten,
want dat geeft je wat meer vrijheid om een goede plaats uit te zoeken.
Vraag eventueel of er een tafelschikking is.

Zorg dat je de introductie doet voor het feitelijke gesprek, zodat je
weet wie erbij zijn, hoe je elkaar aanspreekt en wat ieders rol in het
geheel is. Voorkom verrassingen of een zekere schroom ('Hoe heet die
man ook alweer!?') op dit punt.

Zit de zinloze cultuurhandelingen (*exchanging pleasantries*) gewoon
even uit (Kon u het vinden? Nee, ik rijd nog rondjes in de buurt). Al te
bizarre intro's kunnen leuk zijn, maar moeten een beetje passen bij jou
en het gesprek: Hoe is 't? Slecht, maar verder gaat het goed (Wim T.
Schippers).

In boeken waarin onderhandelen vooral als strijd wordt gezien, wordt
erop gewezen dat je juist in deze fase indruk moet maken. Zoals bok-
sers voor een gevecht met oogcontact al uitmaken wie de sterkste is.
Dus je hebt niks bij je, want je bent geen vertegenwoordiger met een
stalenkoffer, je noemt de ander herhaaldelijk net niet bij zijn juiste
naam en je gaat met je rug naar het raam zitten zodat de anderen tegen
het licht inkijken en jij een silhouet voor ze wordt. Overigens, je gaat
niet meteen zitten maar claimt de plek door er een kopje koffie neer te
zetten en gaat dan weer rondwandelen. Voor wat het waard is.

Agenda en procedurevoorstel

VERWACHTINGENMANAGEMENT

Het belangrijkste van het bepalen van de agenda voor het gesprek is het op elkaar afstemmen van verwachtingen. Immers, kwaliteit is verwachting minus prestatie. Weet je niks van pensioenen en heb je nog nooit geleased, geef dan vooraf aan dat je graag ziet wat de mogelijkheden zijn maar daar nog even over moet nadenken.

DOEL VAN HET GESPREK

Willen we in het gesprek tot een deal komen? Of is het een beeldvormend gesprek, waarna partijen uiteen gaan? Voorkom teleurstellingen of te hoog gespannen verwachtingen en spreek af wat de uitkomst moet zijn.

Baas: Ik wil in dit gesprek tot een aanbod zien te komen. Dat aanbod werk ik uit en wordt dan via HR naar jou gestuurd. Dan is het alleen nog een kwestie van handtekening eronder en klaar.
Jij: Dus we moeten er in dit gesprek uitkomen?
Baas: Wat mij betreft wel.
Jij: Prima, en dan is de uitwerking alleen een formaliteit.
Baas: Ja, hoor.

Je kunt uiteraard ook vragen wat de loop der dingen is:
Jij: Nou, we gaan eens wat afspreken. Even vooraf, maken we het nu meteen rond?

Het is ook prettig om te weten waarom het mogelijk langs verschillende bureaus moet.
Jij: Ik zou in dit gesprek afspraken willen maken over mijn opleidingswensen.
Baas: Oké. Als het praktische zaken zijn, dan maken we vandaag afspraken. Als je wensen hebt die budgettaire consequenties hebben, dan kan ik daar pas na alle functioneringsgesprekken over beslissen. Ik inventariseer dan liever eerst alle wensen.

Jij:	Dat is duidelijk. Maar we kunnen wel vaststellen of wat ik wil bespreekbaar is en dat alleen de financiële kant dan nog open is.
Baas:	Uiteraard. En ik meld wat we afspreken bij HR, maar die hebben er verder geen inbreng in.

Agenda voor akkoord

Geef aan wat jij voor agenda in gedachten hebt en welke bijzondere procedurele wensen of eisen je hebt. Je kunt het ook, als je jezelf als gast ziet, aan de ander overlaten om als eerste een voorstel te doen.

Schroom vooral niet om vragen te stellen als de ander meteen van wal steekt om even de procedures af te spreken. Dat is niet vreemd.

Baas:	Goed, we hebben koffie. Ik zal maar eens ons riante pakket voor je ontvouwen. Salaris maar eerst, dacht ik.
Jij:	Mooi. Eh, even vooraf, gaan we het vandaag helemaal rond maken?
Baas:	Wat mij betreft wel.
Jij:	Graag. En we hebben anderhalf uur de tijd?
Baas:	Goed dat je erover begint. Ik wil in een uur zien rond te komen en je dan even voorstellen op de afdeling. Past dat?
Jij:	Prima, dan moeten we rond tien voor drie beginnen met afronden.
Baas:	Dat halen we makkelijk. Van start?
Jij:	Ja. Ik ben benieuwd.

Eerste positiekeuze

Aan het begin van dit deel werd al opgemerkt dat een positiekeuze doen essentieel is voor onderhandelen. Ook in het deel over Samenwerking 'Onderhandel je wel?', bladzijde 141 e.v., wordt opgemerkt dat iets willen en dat onomwonden stellen wezenlijk is voor de stevigheid die een onderhandelaar hoort te hebben.

De inhoudelijke aftrap van de onderhandeling wordt met de eerste positiekeuzen gedaan. Elke partij geeft aan wat hij wil. Daarna is het vaststellen wat de overeenkomsten en verschillen zijn. Hoe meer en hoe groter de verschillen zijn, hoe meer afstand er te overbruggen is. Dit is een spannend deel, want het geeft je een idee hoe ver je uit elkaar zit.

Bij een eerste arbeidsvoorwaardengesprek voor het in dienst treden is alles nieuw en kan alles ter discussie staan – ook al lijkt dat niet zo – terwijl je vanuit een baan onderhandelend meestal een beperkt aantal punten wilt uitonderhandelen.

Verdedigbaar

De eerste positiekeuze is het neerleggen van de hoogst verdedigbare claim. Dat is dus het maximum dat je wilt bereiken. Het klassieke idee van een dergelijke positie is dat je wat je wilt wat ophoogt, zodat je van meet af aan wisselgeld hebt. Dat werkt uiteindelijk vervuilend voor onderhandelingen, omdat op een gegeven moment de eerste positiekeuze niet meer serieus genomen wordt, zoals iedereen weet die het genoegen heeft mogen smaken een keuken te kopen. Vandaar dat we benadrukken dat de eerste positie verdedigbaar moet zijn: op welke normen baseer je je eis? Wie dat niet kan aangeven, loopt meteen stevige averij op. Immers, wie wil er onderhandelen met iemand die maar iets roept? Dat je niet kunt verdedigen waar je je claim op baseert of betrapt wordt op het verkeerd aanhalen van bronnen, kan een vertrouwenskwestie worden.

Zie het hoofdstuk Inhoudsniveau voor manieren waarop je je positie kunt onderbouwen. Daar bespreken we ook 'blue sky bargaining' (bladzijde 38).

Als eerste of juist niet?

Wie als eerste een positie inneemt, die bepaalt wat het ijkpunt van posities wordt. Immers, erop volgende posities worden met die eerste vergeleken. Als ik begin met mijn wens om 25 vrije dagen te hebben, is het bod van 20 van de werkgever weinig. Als de werkgever als eerste 20 noemt, dan lijkt 25 wellicht veel. Daarmee is het eerst genoemde getal het ijkpunt.

Uiteraard is het als tweede een positie innemen op één punt voordelig: je weet wat de ander wil. Dus als jij voor die 25 vakantiedagen gaat en het eerste bod van de werkgever is 25, dan kun je overwegen meer te vragen. Tenminste, als je dat wilt én als je daar argumenten voor hebt.

'Als je dat wilt'. De een is een *satisifier* die tevreden is als hij wat hij wilde ook haalt. De ander is een *maximizer* die het maar moeilijk kan verkroppen dat zijn deal niet de hoogst haalbare is. Dus als je de vraagprijs krijgt geboden, denkt de satisfier: mooi! en denkt de maximizer: die prijs was dus toch te laag!

'Als je daar argumenten voor hebt', want als de werkgever zijn aantal vrije dagen aanbiedt en jij wilt er 28, dan moet je wel aan kunnen geven waarop je die claim baseert.

Met name als je als tweede een positie inneemt, kan het raadzaam zijn als je wilt maximeren om verschillende scenario's voor te bereiden: stel dat zij laag bieden en stel dat zij hoog bieden?

Let op dat als jij graag als tweede een positie inneemt je dat ook voorbereidt. Oefen eens een situatie zoals de onderstaande.

HR-officer: Ja, dan het salaris. Zeg het maar!

Jij: Waar staan jullie met mijn salaris?

HR-officer: Wij verwachten wel van onze medewerkers dat zij hun marktwaarde kennen en dat in een betoog neer kunnen zetten!

Jij: (lacht) En laat ík dat nou net van HR verwachten ... Ik kom heus wel met mijn beeld van mijn marktwaarde en een betoog, maar graag na jullie. Dus?

HR-officer: Oké, het is ook geen principezaak, hoor. Wij dachten aan het volgende (...)

Een tussenweg is dat beide partijen hun eerste positiekeuze op papier zetten en uitwisselen. Geen van de twee kan dan met kennis van de positiekeuze van de ander reageren.

Jij: Weet je wat we doen, we schrijven allebei de hoogte van de
            bonus die past bij deze target op en dan wisselen we de
            papiertjes uit. Ik ben wel benieuwd wat daaruit komt.

EEN GESLOTEN POSITIEKEUZE: FINAL OFFER FIRST OF EEN OPEN POSITIE

Je kunt de eerste positie open innemen en daarmee aangeven dat er
ruimte voor overleg en dus voor concessies is.

Jij: Ik dacht aan 25 vakantiedagen. Daarbij is het voor mij
            belangrijk dat ik aan de schoolvakanties van deze regio
            vastzit.

Je voelt bij een open keuze dat de ander aan zet is om zijn beeld te
geven, waarna het gesprek op gang komt.

Baas: Wij hebben 20 vakantiedagen voor een fulltime aanstel-
            ling, dus daar zitten we nog wat uit elkaar. Maar de school-
            vakanties volgen zal geen punt zijn.
Jij: Oké, over die 25 of 20 ... Zullen we eens verkennen waar
            ik die 25 van mij op baseer?
Baas: Graag.

Bij een gesloten positiekeuze (*take it or leave it* of *final offer first*), kan de
ander alleen ja of nee zeggen. Er is geen ruimte voor overleg.

Jij: Vakantie is voor mij en mijn partner essentieel. We gaan
            altijd lang weg in de zomer. Vandaar dat ik 25 vakantieda-
            gen wil. Dat is voor mij een harde eis. Op andere punten
            kan ik schuiven, maar hiermee niet.

Deze positiekeuze brengt meteen spanning met zich mee: dit punt
moet de ander goed vinden anders komt er geen deal. Het voordeel is
dat het duidelijk is dat dit punt voor jou een *dealbreaker* (weerstandspunt) is en dus rond moet komen. Dat kun je dan ook niet voor alle

punten stellen. Nadeel is dat de druk die je opvoert bij de ander een vechtreactie kan oproepen. Dat is sterk afhankelijk van de hoeveelheid gezag die jij erin weet te leggen. Met de juiste innerlijke overtuiging kom je niet agressief over. Met te veel adrenaline en spanning breng je het vast te stellig en te nerveus. En dat roept vaak weerstand op.

Is iets voor jou echt belangrijk, overweeg het dan ook te markeren als iets essentieels waar je een goede deal over wilt maken. Hoe stevig je dat neerzet, hangt af van jouw vermogen dat met gezag te doen, zonder spanning op te roepen.

De werkgever kan dat ook doen:

Baas: Ja, wat salaris betreft zijn we snel klaar. In deze tabel zie je de functie en hier het aantal jaren ervaring. Dus dat ga je verdienen. Ik ga daar niks aan veranderen, anders heb ik met de directie en het hele team gedonder.

▶ Oefen eens met het formuleren van je positiekeuze als een open keuze en als een gesloten keuze (= *final offer first/take it or leave it*). Merk je het verschil in toon en impact?

EEN HEEL PAKKET AFWERKEN

Op het moment dat een heel pakket ter discussie staat, is de keuze op één onderdeel minder essentieel. Immers, dat is een van de vele variabelen. Ook kun je makkelijker terugkomen op je eerste inzet als iets anders in het pakket verandert.

Bij pakketten is er ook wat minder spanning ten aanzien van wie begint, omdat het een kwestie is van allerlei puzzelstukjes bij elkaar brengen en werken met verschillende scenario's.

Baas: We hebben het over salaris, vrije dagen en een aantal regelingen: lease, thuiswerken, representatie, ziektekosten.

Jij:	Ik wil ook naar werktijden kijken.
Baas:	Prima, nemen we die mee.
Jij:	Nou, laten we maar eens beginnen.
Baas:	Zal ik het rijtje afgaan en uit de doeken doen hoe wij het hier gewend zijn?
Jij:	Ga je gang.
Baas:	Nou, salaris voor jouw functie met jouw ervaring is bruto 4200 euro met een dertiende maand en vakantiegeld.
Jij:	Ik hoorde dat er ook een winstdelingsregeling is.
Baas:	Die hoort bij het contract voor onbepaalde tijd en niet bij jaarcontracten.
Jij:	O, dat is jammer. Ik heb daar de afgelopen jaren bij mijn oude baas toch leuke voordelen van gehad.
Baas:	Nou, het is goed gebruik om de jaarcontracters bij goed functioneren én een substantiële winst een gratificatie te geven die aardig in de buurt van de winstdeling komt.
Jij:	O, ja. Nou, laten we daar straks vooral even over doorpraten.
Baas:	Doen we. Wat de vrije dagen betreft: dat is 23 voor een fulltimer. Eh, maar meteen even over de werktijden: je werkt veertig uur per week en hoe je die maakt dat ligt hier niet zo vast. Het is toch vooral de bedoeling dat je bij klanten zit. Heb jij specifieke wensen?
Jij:	Ik breng drie dagen per week de kinderen 's ochtends weg, dus dan kan ik pas rond 8.00 uur weg. Ik kan wel eens wat regelen, maar dat moeten uitzonderingen blijven.
Baas:	In principe moet je dat met je klanten regelen. Als dat allemaal past, vind ik het ook best. Kijk, binnen ons performancemanagementsysteem hebben we afspraken over wat wij belangrijk vinden en daar zijn we ook erg fanatiek in. Maar hoe je dat doet, is pas een punt van gesprek als je je doelen niet haalt.
Jij:	Lijkt me prima.
Baas:	Oké, lease dan. Je zoekt zelf een auto uit mits die binnen de leasenorm van 750 euro per maand valt. Is die duurder, dan heb je akkoord van ons nodig. Mocht je weg willen, dan hebben we liever niet een heel typische auto in de vloot die we niet meer kwijtraken. Dat is nog nooit een punt geweest, hoor.

Jij:	Daar moeten we wel even over praten, want ik heb een eigen auto en wil die nu niet weg doen.
Baas:	Dat noteer ik even.
(...)	
Baas:	Dat was het hele pakket! Dan moeten we het dus hebben over lease en die eventuele gratificatie. Wat de rest betreft zaten we op een lijn. Eerst maar eens die auto. Wij willen dat je leaset en jij wilt je eigen auto houden en onkosten declareren.
Jij:	Ja. Het is geen principiële keuze of zo, maar als ik mijn auto nu verkoop moet ik er erg veel op toeleggen.
Baas:	Weet je dat zeker?
Jij:	Ik heb advertenties vergeleken en dan kom ik er niet goed uit.
Baas:	En als we eens kijken wat de dealer ervoor geeft als je een lease auto komt kopen?
Jij:	Als dat dan meer in de buurt komt ...
Baas:	Tja, ik ben een leek op dat gebied dus ik roep ook maar wat.
Jij:	Waarom is lease een must?
Baas:	Ik heb begrepen dat dat voor ons aanmerkelijk goedkoper is gezien het aantal kilometers dat jullie maken.
Jij:	Die berekening zouden we ook eens kunnen maken voor mijn auto.
Baas:	Ja hoor. We hebben wel mensen die die sommen kunnen maken.
Jij:	Nou, dan kunnen dus al kijken naar inruilen en de sommen eens opnieuw maken. Wat kunnen we nog meer doen?

Het risico van elk punt afzonderlijk bespreken is dat je winst en verlies niet zo kunt vergelijken en dus op veel punten verlies neemt. Als de ander dat bewust doet, noemen we dat een salamitactiek: er wordt telkens een plakje van de worst afgesneden. Eén plakje lijkt niet veel, maar het ene na het andere plakje leidt toch tot substantieel verlies.

Niet alles is uitwisselbaar

Het lijkt mooi als je een lager salaris kunt compenseren met bijvoorbeeld resultaatafhankelijke beloning of een gratificatie, maar een wezenlijk verschil is dat salaris de grondslag voor pensioen, ziekte-uit-keringen en ontslagvergoedingen is en jaar na jaar groeit door prijs-compensatie en extra periodieken. Extra cash in allerlei beloningsvor-men is eenmalig. Daarnaast ligt de onzekerheid bij resultaatafhankelij-ke onderdelen en gratificaties geheel bij jou. Het geld komt pas naar je toe als je doelen gehaald zijn en doorgaans beoordeelt het management óf je je doelen gehaald hebt. Dus als je vast salaris ruilt voor andere cash, dan zou je daar netto wezenlijk beter van moeten worden.

Pakketten doorspreken en onder elkaar uitwisselen vraagt dat je precies weet wat voor jou de dealbreakers zijn en dat je goed weet wat je met elkaar ruilt.

Exploreren: verdiepen en verbreden

Eerder in dit deel heb je gelezen over de nul-somonderhandeling en de win-winonderhandeling. Een essentiële stap voor win-win is het wer-ken vanuit belangen en niet vanuit posities, zie ook de korte inleiding op bladzijde 106.

VAN BELANGEN NAAR POSITIE

Bij de bespreking van onderhandelingsvormen hebben we het al gehad over het verschil tussen win-winonderhandelen en positioneel onder-handelen. Een wezenlijk verschil tussen die twee is dat in de win-win-variant exploreren essentieel is: hoe kunnen we de taart vergroten? In een positionele onderhandeling zul je het exploreren kort doen en snel naar convergentie gaan.

In deze fase is het ten eerste zaak je voorbereiding te verzilveren: wat wil je en waarom? Hoe kun je dat allemaal bereiken? Ten tweede is het van belang te weten wat de ander wil en dus heel veel vragen te stellen. Begrijpen voor je begrepen kunt worden, om met Covey in *De zeven eigenschappen van effectief leiderschap* te spreken.

Positie = inzet	Belang = wat wil je echt (en is dus ook op andere manieren te realiseren)
4 × 9 werken	Een hele dag of in elk geval aaneen-gesloten tijd vrij om te studeren, zorgen, voor jezelf. Overuren die je toch al maakt ook echt 'schrijven'. Elke week een dag sparen en perio-diek een weekje vrij voor studie of vakantie. Minder reistijd door een dag minder op het werk te zijn. Meer vrij zonder salaris in te leveren. Ik heb tijd nodig om te gaan solliciteren. Ik ben het hier beu.
Extra periodiek	Meer nettosalaris. Waardering krijgen. Normale groei doormaken. Voor toekomst zorgen en sparen, pensioengrondslag hoger hebben. Anderen krijgen het ook.
(Leidinggevende:) Salarisverhoging? Je zit voor jouw functie al erg hoog.	Ik heb het altijd gekregen dus nu ook. Ik durf het niet te geven, want dan krijg ik gedonder. Je verdient het niet. We kunnen het niet betalen. Jij verdient het wel, maar de rest van het team niet. Ik wil best wat doen, maar er niet aan vastzitten door het als salaris te geven.

> ▶ Zet voor jezelf op een rijtje wat je wilt en wat voor jou de essentie daarachter/daarin is. Wat wil je eigenlijk? Op welke manieren kun jij je zin krijgen? Kortom, wat is jouw belang?

Stel in het gesprek veel vragen en vraag net zolang door totdat je weet wat de ander wil en waarom hij dat wil. Dat geeft je veel meer ruimte om tot oplossingen te komen en de ander zal die vragende houding in het gesprek waarderen.

BEDENK VEEL OPLOSSINGEN EN BESLUIT LATER

Als beide partijen het goed vinden om eerst allerlei mogelijkheden te verkennen zonder dat je 'ja' of 'nee' moet zeggen, dan kun je vrijer denken. Het geeft ook ruimte om scenario's te maken.

Baas: Zullen we eens met twee varianten verder werken? Variant één is dat je een dag thuis gaat werken en variant twee is een dag ouderschapsverlof.

Jij: Oké.

Baas: Wat zouden in variant één, met de thuiswerkdag, redelijke werktijden voor jou zijn?

Baas: Als ik die opleidingskosten helemaal voor mijn rekening neem, wil ik wel dat je in je eigen tijd studeert.

Jij: Zullen we straks afspraken maken en nu even verkennen wat we willen? Dan kunnen we eens wat spelen met kosten en tijd.

Baas: Oké.

Jij: Hoe sta je tegenover 75% kosten voor jou en één dagdeel per week studieverlof voor mij?

Baas: Hoelang duurde die studie ook alweer?

Veel oplossingen bedenken kan door:

- informeel overleg, waarin partijen vrijuit kunnen praten over hun wensen. Er kan geen deal tot stand komen en de ene partij mag de andere niet houden aan wat informeel gezegd is;
- een agenda- of voorbereidingsoverleg, waarin je in kaart brengt waar de belangrijkste overeenkomsten en verschillen liggen, zodat partijen in hun voorbereiding daar wat voorwerk voor kunnen doen;
- ontwerp scenario's, pakketten met verschillende oplossingen;
- brainstorm: iedereen roept ideeën die kritiekloos opgeschreven worden. Kritiek en in de rede vallen zijn verboden. Orden vervolgens in rubrieken en ga na wat bruikbare ideeën zijn;
- laat eens een proefballon op: 'stel dat ...' of 'misschien een gek idee, maar ...';
- stel vast wat partijen gemeenschappelijk willen. Dat kan het gevoel geven dat een overeenkomst mogelijk is en geeft beter aan waar dan wel over gepraat moet worden;
- maak allebei een wensenlijst en geef die aan de ander, die maakt aantekeningen en die gaan weer terug. Doe dat over en weer totdat je klaar bent. Presenteer je wensenlijst en ga in op het commentaar;
- benoem een derde partij die onderzoekt waar ruimte ligt;
- schors en studeer op oplossingen;
- wissel van locatie en setting;
- vraag elkaar om beurten over de belangen en mogelijke manieren om die te realiseren;
- zoek naar een platformvoorstel dat voor beiden acceptabel is en zet daarop modulen met aanvullingen;
- doe allebei één concessie.

> ▶ Bovenstaande technieken zijn creatief en kunnen leiden tot meer ruimte in een gesprek. Het zijn echter niet allemaal erg alledaagse zetten in een gesprek. Oefen ze eens.

Convergentie: pakketten of een deal

WANNEER CONVERGEREN?

Nadat de eerste posities gemeld zijn en er verkend is wat de ruimte voor mogelijke overeenkomsten is, is het op een gegeven moment tijd om naar een afspraak te gaan. Dat moment is er niet voordat je beiden het gevoel hebt dat je voldoende duidelijk hebt wat je allebei wilt en weet wat er zoal aan mogelijke oplossingen is. Dus te vroeg naar een deal gaan, kan betekenen dat er voor een partij niet de best haalbare deal uitkomt.

Echter, te laat naar een afspraak toe werken, kan het gevoel geven in rondjes te blijven draaien. Er ontstaat een herhaling van zetten doordat beide partijen wat terugdeinzen voor het doorhakken van de knoop.

Als je het gevoel hebt dat er voldoende geëxploreerd is, stel dan voor naar een afspraak toe te werken. Bijvoorbeeld:

Ik heb voldoende beeld bij waar jij staat in deze kwestie. Ik heb mijn standpunt kunnen toelichten. We hebben drie oplossingsrichtingen verkend. Ik ben wel toe aan een afspraak. En jij?

Als ik zo de flip-over van jou en mij bekijk, dan denk ik dat we genoeg aan beeldvorming hebben gedaan. Zullen we eens kijken of we tot een afspraak kunnen komen?

PUNTEN GEVEN

Als je verschillende opties verkend hebt of een aantal scenario's in kaart hebt gebracht, dan kun je punten geven voor oplossingsrichtingen. Maak beiden een top drie en kijk eens waar de verschillen zitten.

Over concessies

Het is mogelijk dat je tot een win-winoplossing komt, die voor beide partijen werkt. Dan is er bij de beeldvorming een gevoel ontstaan dat je geen tegengestelde belangen hebt en is het een kwestie van afspraken maken. In de meeste onderhandelingen is het helaas zo dat je concessies gaat doen of niet de meest ideale variant kunt halen.

Als je hebt vastgesteld dat het tijd is om tot een deal te komen en er zijn nog wat tegengestelde belangen die niet opgelost kunnen worden, dan moet je 'bewegen': doe water bij de wijn.

Als je een concessie gaat doen, is de meest aantrekkelijke vorm dat je een ruil voorstelt. Daarmee is je concessie niet een losse zet in een spel, met het risico dat je gesprekspartner de concessie incasseert en je weer in een impasse zit. Uiteraard kun je dan zeggen dat nu de ander moet bewegen, maar die verwachting van wederkerigheid is niet meer dan verwachting.

Jij: Ik merk dat jij het erg belangrijk vindt dat ik bereikbaar ben. Je idee van een extra dag vrij hangt sterk daarvan af. Ik vind het niet prettig om bereikbaar te zijn, maar ik vind dat niet zo principieel. Ik ben bereid een vorm van bereikbaarheid af te spreken als jij meegaat in mijn wens om flexibel tussen 8.00 en 9.00 uur te kunnen beginnen. Sta je daarvoor open?

Baas: Prima, dat flexibel beginnen vind ik rommelig, maar als de uiterlijke tijd 9.00 uur is en je uren schrijft, dan moet dat maar. Ik zie dat het jou veel ruimte geeft. Wat stel je voor over die bereikbaarheid ...

Jij: Telefonisch bereikbaar en als dat niet kan beluister ik minstens twee keer per dag de voicemail ...

Als het moment om beslissingen te nemen komt, moet je goed weten wat je BAZO is. Stel dat jullie er niet uitkomen? Hoe dringend heb jij deze deal nodig? Hoe slechter je BAZO hoe groter je bereidheid tot concessies zal zijn. Wacht echter tot deze fase in het gesprek om concessies te overwegen.

Let ook hier op voor de salamitactiek. Het komt nogal eens voor dat je een concessie op één punt doet, en dat de ander aangeeft iets anders ook niet helemaal rond te kunnen krijgen en nog van je verlangt een klein stapje op weer een ander punt te doen. Zo lijk je niet veel te verliezen, maar door elk klein plakje dat afgesneden wordt, wordt de worst toch alsmaar kleiner.

Jij:	Nou, ik zou ermee kunnen leven als ik in salarisgroep 10.5 kom.
Baas:	Oké, dan maken we dat voor het nieuwe jaar in orde.
Jij:	Het nieuwe jaar?
Baas:	Ja, loonsverhogingen gaan bij ons altijd in per 1 januari. Dat wist je toch?
Jij:	Nee.
Baas:	Zullen we ook nog kijken naar welk deel we resultaatafhankelijk maken?
Jij:	Hoezo?
Baas:	Bij een dergelijke stap is het goed om bepaalde criteria te formuleren of een target vast te stellen. Je twijfelt toch niet aan je kunnen, zei je net zelf. En als je je targets haalt, heb je er ook echt zelf voor gewerkt.

Zwicht niet voor druk, stilte, impasse of frustraties. Doe concessies niet om spanning te vermijden of een relatie te verbeteren. Zie ook de tips hierover onder Samenwerkingsniveau.

Als je een concessie doet:
- Wissel uit. Wat krijg je terug voor jouw stap?
- Eén stap(je) per keer. Doe niet op verschillende onderdelen concessies, maar doe één geen al te grote stap en kijk wat dat doet met de positie van de ander.
- Als het even kan, doe dan niet de concessie maar verken wat de ander doet als jij een bepaalde stap doet.
- Licht toe waarom je doet wat je doet. Je kwalificeert je concessie en maakt duidelijk dat er niet net zo makkelijk nog meer ingeleverd wordt.

Dus niet:

Jij: Als het gaat om de vrijstelling voor die opleiding wil ik wel wat schuiven. En op zich vind ik het ook geen punt om een beding te tekenen, hoor. Ik vind het ook jammer als zoiets moois als persoonlijke ontwikkeling zo moeizaam begint, dus misschien is het ook wel goed als ik concreet toezeg dat ik het binnen een jaar rond heb.

Maar:

Jij: Ik wil op die opleidingskosten geen concessie doen. Maar als het gaat om de tijd die ik ervoor vrij krijg, wil ik wel wat schuiven. Ik denk dat ik toch wat vrijstellingen kan krijgen. Als ik daar wat jouw kant op kom, ben jij dan bereid 100% van de kosten te dragen?

Baas: Teken jij dan het beding waar we het net over hadden?

Jij: Nou, niet in die vorm waar jij het over had. Moet je daar een 'ja' op hebben voordat je kunt toezeggen de kosten te dragen?

Baas: Ja.

Jij: Oké, dan vind ik de terugbetalingsregeling redelijk maar een eindtijd voor de opleiding vind ik niet reëel. Ik weet niet hoe het jaar eruit gaat zien, dus ik kan daar geen garanties over geven. Dus: jij betaalt 100% en ik teken een terugbetalingsbeding zonder de gestelde eindtijd.

Baas: Oké.

Jij: En dan houden we de vrijstelling in de vorm van betaald verlof op acht uur per week?

Baas: Dat vind ik redelijk maar daar wil ik dan wel een eindtijd aan stellen.

Jij: Dat is redelijk. Ik stel voor dat we dat op een jaar houden. Maar, mocht ik door drukte op het werk of door privéomstandigheden de vrijstelling niet kunnen gebruiken ...

Baas: Meld je dan maar, dan spreken we af wat we doen.

Jij: Vind ik wat open, hoor.

Baas: Ik zeg dan toe dat we je gaan helpen. Ik denk ook niet dat ik het nu concreter kan maken.

Jij: Nou, dat is open, maar ik denk dat we het maar moeten doen.

Helaas is er geen enkele manier om te meten of je te veel concessies doet of hebt gedaan. Je kunt alles voorbereiden en meetbaar maken en stapels dossiers meenemen, maar uiteindelijk bepaalt vaak je intuïtie of je wel of niet water bij de wijn doet of dat je je poot stijf houdt. Uiteraard helpt het kennen van je BAZO en het voor ogen houden van een struikeldraadlimiet, maar het komt er toch op neer dat je je gevoel op dat moment in het gesprek moet volgen.

Zelfs de vraag aan de ander of er meer in had gezeten als je je poot stijf had gehouden – een vraag die overigens niet van grote doses zelfvertrouwen blijk geeft – wordt vertekend door het feit dat de deal er ligt. De ander kan daar blij over zijn en graag de ontstane situatie in stand willen houden of niet willen zeggen dat er meer inzat om jou niet te frustreren of dat nu juist wel willen ook al heb je een perfecte deal. Kortom, als de deal gesloten is: niet meer twijfelen.

> ▶ Met druk omgaan is lastig te oefenen. Denk eens terug aan gesprekken die spannend waren en vraag je af hoe jij omging met concessies doen. Moet je je voornemen vasthoudender te zijn of juist meer bereid zijn tot wat weggeven?

AFKOELPERIODE OF BEDENKTIJD?

Soms wordt bij een afspraak die zo goed als rond is nog een etmaal bedenktijd gegeven of gevraagd. Dat heeft als voordeel dat je met wat afstand en eventueel in overleg met een ander, een deskundige of aan de keukentafel, kunt bespreken of het verstandig is om 'ja' te zeggen. Nadeel is dat beide partijen terug aan de onderhandelingstafel kunnen komen met nieuwe wensen. Dat kan ook vooropgezet de bedoeling zijn.

Formuleren van deal en afspraken maken

Hoe vaak is er niet champagne ontkurkt en is de deal bezegeld, zijn foto's gemaakt van handenschuddende contractpartijen die nog geen maand later grote ruzie hebben omdat ze beiden wat anders bedoelden overeen te komen dan de ander begrepen had. Kortom, welke vaagheden zitten er nog in de afspraak?

- Vat de afspraak samen en vraag om akkoord.
- Spreek af wie de afspraak uitwerkt op papier en dat pas als die versie akkoord is beide partijen gebonden zijn. Mocht dit te veel ruimte geven voor een nieuwe onderhandelingsronde spreek dan af dat er alleen geen deal is als er in de formulering problemen ontstaan.
- Ga na welke vaktermen of ongedefinieerde begrippen voor dubbelzinnigheid kunnen zorgen.
- Ga na welke verbanden of consequenties wellicht niet behandeld zijn: wat zijn de gevolgen voor pensioen, wat gebeurt er bij ontslag, wat gebeurt er als je arbeidsongeschikt wordt, veranderen spaar-, onkosten- of verlofregelingen mee?

Parttime werken leek Lex heerlijk: tijd voor hemzelf, kortere werkweken, lagere target. In de praktijk was de eerste tegenvaller dat hij de leaseauto nu voor eenvijfde zelf betaalde en dat hij van een aantal regelingen nu viervijfde kreeg. Dat hadden Lex en zijn leidinggevende niet besproken, maar het scheen beleid te zijn. Daarnaast werd er met studiedagen en vergaderingen nooit rekening gehouden met parttimers. Dat kon ook haast niet, want er waren verschillende parttimers. Toen Lex dacht dat hij dan zijn niet opgenomen tijd maar moest opsparen om aaneengesloten perioden vrij te nemen – leek hem ook heerlijk – bleek dat de vakantieregeling dat niet toestond. Nog los van de planner, die met zijn wensen op dat vlak alleen rekening kon houden als het weken van tevoren werd ingediend.

Heb je geen voorwaarden of ontbindingsclausules afgesproken, dan ben je ook echt gebonden. Sommige organisaties kennen formele manieren om bezwaar te maken tegen rechtspositionele besluiten, maar ook dan wordt het bezwaar moeilijker als je zelf hebt meegewerkt aan de totstandkoming.

Een manier om de afspraak te controleren is het letterwoord SMART. Elke letter van SMART staat voor een eis die je aan de afspraak kunt stellen. Loop de letters na en ga na of je de afspraak nog aan moet scherpen.

Specifiek: wat is de afspraak precies, bevat de afspraak onduidelijke termen, hoe definiëren we die termen?

- De werkgever betaalt de opleidingskosten.
  Wat zijn precies de kosten: studiegeld, boeken, kantoorartikelen, reiskosten, verlof, examengeld et cetera?
  Wat is betalen: voorschieten, terugbetalen, onvoorwaardelijk?

- Ik ga vier dagen werken.
  Hoeveel uur is een dag, elke week, vaste dagen, stel dat er een verplichte vrije dag in die week is, wat betekent het voor vergaderingen et cetera?

Meetbaar: hoe meet je de afspraak? Kun je na enige tijd vaststellen of de afspraak is nagekomen?

- De werkgever betaalt de opleidingskosten.
  Het is meetbaar, aangezien de kosten een geldbedrag zijn.

Aanwijsbaar: wie gaat welke actie oppakken om de afspraak na te komen?

- De werkgever betaalt de opleidingskosten.
  Wie gaat wat doen: wie maakt een kostenoverzicht, wie legt contact met de administratie et cetera?

Realistisch: kan het? Zo nee, wat moet er gebeuren waardoor het doel wel realistisch wordt? Wat is nodig om het wel te halen: geld, bepaalde organisatie, tijd, informatie, communicatie, leiderschap, aandacht?

- De werkgever betaalt de opleidingskosten.
  Realistisch? Ja, mits de regeling die wordt afgesproken niet in strijd is met de wet.

Tijdgebonden: go/no go, wat zijn mijlpalen, tussendata en wat is de deadline? Het is zaak een doel in zo veel mogelijk af te ronden stukken te hakken, zodat er telkens iets af is.

- Ik ga vier dagen werken.
  Vanaf wanneer en voor hoelang? Na welke periode een eerste check?

Evaluatie

Kijk terug op het proces en de afspraak. Terugkomen op het proces is van belang om te zorgen dat het geheel ook echt afgesloten is. Het kan zijn dat je twijfelt of je niet te pittig ingezet hebt of dat je kleine tirade over middeleeuws personeelsbeleid wellicht is blijven hangen. Vraag daar direct naar. Geef ook aan wat jij de plussen en minnen vond. Nogmaals, wees open en sluit het gesprek met de feedback ook echt af. Dring ook aan op een terugblik van de ander.

Wees in een evaluatie niet onzeker over de uitkomst. Dat maak namelijk niks meer uit. Heb je twijfels of er meer inzat of niet, dan moet je leren leven met die onzekerheid. Het antwoord dat de ander eventueel geeft, is toch niet hetzelfde als wat hij tijdens de onderhandelingen zou zeggen.

Als je feedback wilt op je onderhandelstijl kun je daarom vragen. Zeker in een werkrelatie kan het zijn dat je het van belang vindt te weten wat de ander vond van je inzet en je aanpak. Twee punten: het vraagt van de leidinggevende dat hij van onderhandelaar naar adviseur schakelt en daar is soms even tijd voor nodig. Het andere punt: vragen om feedback moet leiden tot leren. Vraag dus niet om goedkeuring maar vraag gericht naar sterke punten en ontwikkelpunten.

3 Samenwerkingsniveau

SAMENVATTING

Deel I Balanceren tussen wat jij wilt en wat de ander wil
- Onderhandel je wel? Hoe ziet een onderhandeling eruit?
- Vragen stellen: sturen én steunen
- De balans ik en de ander, wij als het goed gaat en de dark side: vechten en vluchten

Deel II Wees gevoelig voor de context
- Psychologische contracten en boeien en binden
- 'Ik wil meer'- versus 'ik wil minder'-gesprekken
- Cultuur en geslacht en verzuim

Deel III Als het spannend wordt
- Wat is je BAZO? Dat wil zeggen: waar sta je als de onderhandeling niet slaagt?
- Omgaan met weerstand: wat doe je als het gesprek echt vervelend wordt? Door een constructieve opstelling kun je laten zien wat je waard bent
- Feedback geven: stel dat de gesprekspartner onhebbelijkheden heeft waar je last van hebt, hoe zeg je daar op een constructieve manier wat van?

Inleiding

In gesprekken gebeurt er van alles tussen de gespreksdeelnemers: complimenten, een vinnige opmerking, elkaar aandacht geven, meeleven, afkappen, insinuaties ... Deze 'zetten' in het gesprek geven aan hoe de

139

deelnemers zichzelf zien, de ander zien en wat ze van de samenwer-king vinden. We noemen dit niveau van het gesprek het samenwer-kingsniveau. De term relatieniveau wordt ook wel gebruikt. Alles wat gaat over jou, hoe jij je voelt, hoe je de ander ziet, valt onder het samen-werkingsniveau.

Soms is het een kwestie van intonatie of iets een feitelijke mededeling is of een sneer. Zo kan iemand zeggen: 'Jij bent dat salaris waard?' als uitnodiging aan jou om je verhaal te doen, maar ook als diskwalificatie. Soms bedoelt je gesprekspartner het als uitnodiging en vat jij het op als diskwalificatie omdat je nou net onzeker bent over je salariseis.

Wat er gebeurt op samenwerkingsniveau gaat vooral over je gevoel. En hoe subjectief dat ook lijkt, onderschat je intuïtie niet. Als jij het gevoel hebt dat emoties een rol spelen, dan ís dat ook zo. Tenminste voor jou, en dat is voldoende om er een punt van te maken.

Wellicht hoor je ook bij de groep die wel oppikt dat er van alles gebeurt op dit niveau, maar die het lastig vindt daar iets mee te doen. Zeker als je nieuw in de organisatie bent, kan het lastig zijn om meteen maar op samenwerkingsniveau van alles te doen (bijvoorbeeld feedback geven: 'Ik merk dat ik er last van heb als jij me in de rede valt'). Maar toch kun je er soms niet onderuit om op dit niveau iets te doen: als jij er last van hebt, dan kun je niet anders.

In de onderhandelingsstijl die wel win-win wordt genoemd, en waarbij de in *Excellent onderhandelen* (Fisher, Ury, Patton) ontwikkelde Harvard Negotiationstijl centraal staat, is werken aan de relatie essentieel. Hard voor de zaak en hart voor de relatie is het motto. Nogal eens wordt win-win geassocieerd met soft onderhandelen. Dat is het ook als het om het investeren in de relatie en samenwerking gaat, maar zeker niet als het gaat om het bereiken van je doel. Durf ervoor te gaan én houd contact met de ander. Win-win is niet happy-happy.

Baas, chef, leidinggevende, coach, facilitator, senior, teamleider; een lief kind heeft vele namen. In onderhandeling treden met je leidinggevende of aanstaande leidinggevende is toch een bijzonder soort onderhandeling. In veel onderhandelingen heb je oog voor de relatie en de samenwerking nu en in de toekomst, maar als het gaat om de leidinggevende, dan treedt na – en misschien al tijdens – de onderhandeling de normale hiërarchische verhouding weer in. Normaal hecht je wellicht al aan constructief onderhandelen, omdat je dat ethischer vindt of prettiger vindt werken of gewoon omdat je elkaar voor toekomstige deals nog nodig hebt. Maar met je leidinggevende moet je sowieso verder. En onderschat niet wat het kan betekenen als hij een voor jou belangrijke wens naast zich neerlegt. Of wat het betekent als het gesprek escaleert. Een dergelijke crisis kan achteraf heel waardevol zijn, maar het betekent wel een spannend traject doormaken dat niet altijd ten goede keert. Dan maar timide zijn en ondergeschikt? Verre van! Maar zorg dat je je onverzettelijkheid en stevigheid richt op de inhoudelijke kant en dat je je diplomatieke eigenschappen en charme loslaat op de samenwerkingskant.

In de inleiding van dit boek ging het onder andere over het verschil tussen gelijkheid en gelijkwaardigheid. Dit deel heeft als rode draad: werk vanuit gelijkwaardigheid.

Deel I: Balanceren tussen wat jij wilt en wat de ander wil

ONDERHANDEL JE WEL?

Op het eerste gezicht lijkt dit een procedurele vraag. Wat voor soort gesprek is het: een vergadering, een debat, een onderhandeling? Maar de essentie van de vraag is of je je wel als onderhandelaar opstelt en of je wel de toon, stijl en 'zetten' laat zien die de onderhandelaar kenmerken. Vaak deelt de leidinggevende het pakket mede en stel jij vragen. Dat is

geen onderhandelen. Is dat een probleem? Ja, want de anderen verwachten van jou dat je laat zien dat je doel- en samenwerkingsgericht
kunt onderhandelen én de kans is kleiner dat je je zin krijgt als je niet
wat weerwerk levert.

Uit een onderzoekje (*Salary and Compensation Negotiation Skills for
young professionals*, R. Pinkley, 2003) onder wervers en kandidaten voor
een functie bleek dat 75% van de kandidaten stelde te hebben onderhandeld over arbeidsvoorwaarden, terwijl de wervers aangaven dat
slechts 25% van de kandidaten onderhandeld had over arbeidsvoorwaarden. Dus wat de sollicitant onderhandelen noemt, noemt de werver slechts in eenderde van de gevallen ook onderhandelen. De kandidaten deden te weinig een tegenbod als er een bod van de werver kwam,
praatten te weinig door over het aanbod en gaven te weinig weerwerk in
gesprekken door te weinig aandacht voor eigen wensen te vragen.

Overigens leert navraag onder HR-officers dat het beeld niet zo
zwart-wit ligt. De afgelopen paar jaar onderhandelen degenen die voor
het eerst gaan werken meer dan vijf jaar geleden. Wel wordt over het
algemeen gesteld dat vrouwen minder expliciet en minder stevig onderhandelen.

> ▶ Zie je het gesprek dat je ingaat écht als een onderhandeling? Ga
> je het ook onderhandelend aan? Bereid je niet alleen voor wat je
> wilt, maar ook hoe je het wilt krijgen?

LAAT ZIEN WAT JE WAARD BENT

Wervers geven aan het wenselijk te vinden als kandidaten onderhandelen. Onderhandelen moet dan wel het karakter hebben van een constructief gesprek gericht op het oplossen van een probleem. Kandidaten
kunnen dan nog eens laten zien dat ze opkomen voor hun belangen én
gedrag vertonen dat de toekomstige leidinggevende graag ziet: een relatie opbouwen en eigen doelen bereiken.

HR-officers geven ook aan dat hoe bewuster de deal tot stand komt, hoe meer zij erop gerust zijn dat er een echte basis is gelegd. Als de kandidaat gewoon 'ja' op het eerste bod zegt, komt er vast een keer een moment dat hij of zij daar spijt van krijgt.

HR-officers geven ook aan dat hoe beter de onderhandeling is, hoe meer zij ook namens de werkgever kunnen benadrukken dat er een ruil is: inspanning in ruil voor loon. Dat maakt je wat minder werknemer en meer een interne ondernemer. Ook geeft onderhandelen de mogelijkheid om degene die voor een stevig loon gaat op het hart te drukken dat daar dan ook een steviger target tegenover staat dan bij een loon dat wat lager is.

HOE KUN JE NADRUKKELIJKER LATEN ZIEN DAT JE ONDERHANDELT?

Zorg dat je in een onderhandeling duidelijke 'zetten' doet, zodat ook duidelijk is dat je doelen wilt bereiken. Zorg ook dat de ander duidelijk wordt dat wat hij biedt niet als mededeling ontvangen wordt maar als een voorstel.

- Presenteer jouw wensenpakket. Zorg dat je vroeg in het gesprek op tafel legt wat jij wilt met een korte toelichting. Dat kan na het aanbod van de ander, maar je kunt het ook als eerste doen (zie Procedureniveau: 'Eerste positiekeuze', bladzijde 119). Bijvoorbeeld:

  Ik denk dat het goed is als ik eens aangeef waar ik aan denk. Ik houd het even bij de voor mij belangrijkste zaken. Ik heb een startsalaris van 4200 euro voor ogen, wil graag één dag per week thuiswerken en vind persoonlijke ontwikkeling en coaching van belang.

- Vraag naar wat de ander precies bedoelt met zijn bod. Bijvoorbeeld:

  Dat salaris is neem ik aan zonder de onkostenvergoedingen?
  Die leasekosten zijn zonder de fiscale bijtelling?
  Zijn de ATV-dagen vrij in te delen of is een aantal vastgezet op een datum?
  Je zegt dat flexibel werken mogelijk is. Kun je daar iets meer over vertellen?

- Geef aan wat voor jou belangrijk is. Bijvoorbeeld:

Voor mij is flexibel werken erg belangrijk. Ik zou met de tijden zoals je die nu aangeeft echt een probleem hebben. Wat is de ruimte om met name de begintijd twee dagen per week een halfuur later te zetten? En wat is jullie houding ten opzichte van thuiswerken?

- Geef wat weerwerk en doe een tegenbod op de belangrijkste aspecten van het pakket. Bijvoorbeeld:

Ik vind de regeling rond opleidingen en ontwikkeling toch wat dun. Zullen we eens doorpraten over mogelijkheden op dat gebied?

Het salaris ligt zeker 500 euro onder wat uit mijn onderzoek blijkt dat marktconform is voor deze functie.

Ik vind het prettig dat je zo meedenkt over mijn behoefte aan interessantere projecten, maar ik merk dat ik toch meer verantwoordelijkheid zoek. Ik zal eens een voorbeeld geven van de rol die ik voor mezelf in gedachten heb.

Mooi dat we op de primaire arbeidsvoorwaarden hetzelfde beeld hebben van wat bij de functie hoort. Op het gebied van faciliteiten zitten we echter wat verder uit elkaar. Zullen we dat maar eens oppakken?

ONDERHANDELT DE LEIDINGGEVENDE WEL?

Hoezeer de ondervraagde wervers en selecteurs ook aangeven te verwachten dat kandidaten onderhandelen, dat kan ook wel eens anders liggen. Degene met wie je het gesprek hebt:
- presenteert het pakket als een feit: 'Dit is het salaris, zoveel vrije dagen en we hebben een leaseregeling, die je maar eens door moet lezen.'
- zegt: 'Heb je nog vragen?' en dus niet: 'En wat wil jij?'
- reageert wat geprikkeld op jouw tegenbod waardoor het gesprek doodslaat: 'Dat salaris is gewoon de uitkomst van die functie en jouw ervaring, dus daar is verder niks aan te willen of zo' of 'Nee, thuiswerken dat doen we hier niet, hoor.'

- sluit het gesprek af: 'Nou, ik zal het in orde laten maken en dan krijg je het contract opgestuurd.'
- verwijst je door naar iemand die geen deal kan maken: 'Met je vragen kun je het best naar HR, die kennen al die regelingen precies' of 'Met de administratie kun je verdere afspraken maken over die levensloopregeling waar je het over hebt.'

Dat is een hobbel, die je moet nemen. Immers, ga je zonder weerwoord van tafel, dan heb je niet je doelen bereikt én niet laten zien dat jij op een constructieve manier voor jezelf op kunt komen. Dus:
- merk op dat je ook wensen hebt ten aanzien van het pakket en die kenbaar wilt maken;
- zeg dat je het pakket passend vindt op de meeste punten maar het toch voor jou op maat wilt maken;
- vraag wanneer jij jouw wensen kenbaar kunt maken, zodat er een afspraak gemaakt kan worden;
- vraag of de ander ervan uitgaat dat dit pakket zonder meer de uiteindelijke deal wordt, dus is dit *final offer first*?
- geef aan dat je je hebt voorbereid en ook wat uitzoekwerk hebt gedaan dat je graag in dit gesprek presenteert.

Kortom, de ander stelt voor dat we niet gaan onderhandelen en jij geeft aan dat wel te willen doen. En dan is er dus een onderhandeling gaande over de vraag of we wel of niet onderhandelen.

Vragen stellen: sturen en steunen

Om van de positie naar het belang te komen, om de situatie van de ander helder te krijgen en om verschillende oplossingen te genereren, is het essentieel om vragen te stellen. Wat drijft iemand, wat wil iemand, wat kan wel en wat kan niet, waar liggen grenzen, wiens belangen spelen nog meer een rol, wat zou jou helpen en wat zou mij helpen, wat is onbespreekbaar en waarom et cetera?

Vragen stellen is aandacht geven en daarmee investeer je in de relatie. Vragen stellen maakt jou even de leidinggevende in het gesprek. Stuur door te LSD'en:

- Luisteren
- Samenvatten
- Doorvragen

Vragen stellen maakt ook dat je aandacht aan de ander geeft:

- Luister actief
- Spiegel emoties

STUREN

Door vragen te stellen kom je meer te weten. Stel open vragen en vraag door. Als de antwoorden lang of complex zijn, orden ze en bepaal waar je over doorpraat. Dat is een vaardigheid die niet iedereen gegeven is maar die zeer goed te ontwikkelen is.

De open vraag werkt goed om het standpunt van de ander te leren kennen en na te gaan wat de precieze wensen van de ander zijn. Een open vraag biedt veel ruimte en stelt daarna hogere eisen aan de luistervaardigheid. Een open vraag is een vraag waarbij de antwoorder erg veel ruimte krijgt. De antwoorder kan inzicht en achtergronden geven.

Vragen stellen, is het gesprek leiden. Dat kan door de gesprekspartner als wat te sturend ervaren worden. Wees daar alert op. Tegelijkertijd wil je laten zien dat je een gesprek kunt leiden en een actieve deelnemer bent. Niet waar?
Voorbeelden:

- Hoe ben je tot deze beslissing gekomen?
- Kun je het proces dat je doorgemaakt hebt eens beschrijven?
- Wat zijn de belangrijkste aspecten van deze deal voor jou?
- Ik heb het idee dat er meer te zeggen is over jouw stelling dat parttime onmogelijk is. Raak ik hiermee een gevoelige snaar?

Vermijd:

- suggestieve vragen:
  Hoe ben je tot dit magere aanbod gekomen? Vind je het zelf niet ook wat weinig? Je zult ook wel teleurgesteld zijn in wat je mij kunt bieden.
- gesloten vragen:
  Welk deel van het aanbod wil je schrappen? Wat gaat eraan: dat salarisbod óf het aantal vrije dagen?
- waarom-vragen met een verwijt:
  Waarom kom je met dit aanbod? Waarom vraag je dat dan niet even aan mij? (Achter een dergelijke vraag kun je het woord 'sukkel' plakken: 'Waarom heb je dat gedaan, sukkel!')

Als je een oordeel wilt geven, verpak het dan niet als een vraag maar geef het oordeel. Dat klinkt toch wel door. Vraag er ook geen begrip, toestemming of goedkeuring voor. Dus niet:

- Kun je je voorstellen dat het me teleurstelt?
- Ik denk dat iedereen dat een laag bod zou vinden.
- Vind je het zelf een reëel bod?

Maar:

- Ik vind het bod te laag. Het stelt me teleur dat dat het bod is.

Luisteren — sturen

Zorg dat je na je vraag écht luistert. Te vaak zien we dat een vraag gesteld is en dat er een antwoord komt, maar dat de vraag daarmee nog niet beantwoord is.

- Maak aantekeningen.
- Onderbreek de ander als het te snel gaat.
- Verwerk de informatie die je krijgt en vraag je af wat de ander nu beweert.

Samenvatten

Na het antwoord, of als het een lang antwoord is tussen het beantwoorden door, bied je een samenvatting aan. Hierdoor check je of je de ander goed hebt begrepen.

Bijvoorbeeld:

- Je zegt twee dingen: wat ik wil past niet in de regels voor targets en er is te weinig geld om bonussen uit te delen.
- Dus over andere werktijden is te praten, maar een dag minder werken vind je lastig in verband met inroosteren en aanwezigheid?

Stel in je samenvatting vast wat de ander gezegd heeft, maar ga ook na of je vraag beantwoord is.

A   Mag ik het eens samenvatten? Ik vroeg wat de ruimte was voor mij om zwaardere projecten te doen en directer met opdrachtgevers te overleggen. Jij gaf aan dat op dit moment de grote accounts bemenst zijn en er nu geen acquisitietraject loopt, maar dat er bij een nieuwe acquisitie zeker plaats in het team is. Dat klopt?

B   Inderdaad.

A   Dan is mijn vraag voor mij nog niet helemaal beantwoord. Ik was vooral geïnteresseerd in wat ik op korte termijn kan doen om ervaring op te doen in zware projecten.

Tips bij samenvatten:

- onderbreek de ander regelmatig voor een samenvatting ('Zullen we even kijken wat we tot nu toe gezegd hebben');
- maak aantekeningen en vraag daar een moment voor;
- teken op een flip-over hoe de discussie verloopt;
- vraag de antwoorder zelf een samenvatting te geven ('Kun je jouw argumenten nog eens kort weergeven?', 'Wat is voor jou het belangrijkste argument?');
- leg een samenvatting als vraag voor ('Zie ik het goed als ...', 'Zeg je daarmee dat ...').

DOORVRAGEN

Met een open vraag begin je een nieuw thema. We noemen dat ook wel een gedachtespoor. Een gedachtespoor is één onderwerp. Het is te vergelijken met wat in een tekst een alinea is: een samenhangend blokje. Het is zaak dat gedachtespoor eerst te behandelen voor je een nieuwe vraag stelt. Voeg geen nieuwe thema's in totdat je klaar bent met dat ene gedachtespoor.

Dus niet:

A Nou, opleiden is dus het hele jaar geen optie?
B Nee, de begroting geeft daar geen ruimte voor. Dit is sowieso een jaar van kostenbesparing. En te vaak is opleiden in het verleden ongecoördineerd verlopen, waardoor we er ook simpelweg te weinig strategisch voordeel uithaalden.
A Waarom is er eigenlijk in de begroting zo weinig ruimte voor gemaakt? (Doorvragen maar weinig gestructureerd.)
B De ruimte was er simpelweg niet.
A Vind je opleiden niet belangrijk? (Spoor 2)
B Ja, ontwikkelen dan, en dat kan met een opleiding maar ook anders.
A Onze concurrenten zitten ook niet stil, hoor. (Spoor 3)

Maar wel:

A Nou, opleiden is dus het hele jaar geen optie?
B Nee, de begroting geeft daar geen ruimte voor. Dit is sowieso een jaar van kostenbesparing. En te vaak is opleiden in het verleden ongecoördineerd verlopen, waardoor we er ook simpelweg te weinig strategisch voordeel uithaalden.
A Oké, niet begroot, dit jaar kosten besparen en opleiden was niet strategisch verankerd? (Samenvatten)
B Ja.
A Ik wil eerst die strategische verankering eens bespreken. Wat mij betreft is dat een inhoudelijke discussie die belangrijker hoort te zijn dan de kostendiscussie. (Doorvragen)
B: Prima.
A: Hoe zou een opleiding er nu uit moeten zien om voor jou voldoende strategisch verankerd te zijn? (Doorvragen)
B: Nou, onze missie is internationaal, geïntegreerde dienstverlening en nummer één op kwaliteit. Die elementen moeten erin zitten.
A: Wanneer zitten die elementen in een opleiding? Hoe ziet dat eruit? (Doorvragen)
(...)
A: Oké, ik denk dat duidelijk is wat strategische verankering is en ik heb aangegeven dat mijn opleidingswens direct aansluit bij onze missie en de keyaccounts die we geïdentificeerd hebben. Ik wil nu

eens kijken naar je economische argumenten. (Nieuw spoor).
Hoeveel ruimte heb je voor mijn wens van 7000 euro?

Binnen het gedachtespoor blijf je door:

- duidelijk het onderwerp te structureren: 'We willen eerst naar de beweegredenen voor deze maatregel kijken en daarna zullen we naar de toekomst kijken';
- bij afwijkende vragen, die vragen te parkeren: 'Ik schrijf jouw vraag even op, dan pakken we die straks op';
- iedereen de tijd te geven een reactie op te schrijven en die eerst te inventariseren;
- een rondje maken voor opmerkingen en vragen en dan uit te maken waar je verder mee gaat;
- als het rommelig wordt meteen te stoppen.

STEUNEN

Luisteren: gedurende het hele gesprek is het zaak actief te luisteren. De antwoorder neemt het woord en het is zaak de persoon te laten spreken en duidelijk te maken dat je luistert. Dat kan door:

- een actieve luisterhouding: rechtop zittend, iets naar de ander geleund, dus niet onderuit of met over elkaar geslagen armen;
- houd oogcontact;
- gebruik 'hm' of korte tussenwerpsels om aan te geven dat een en ander duidelijk is;
- stimuleer de ander door te gaan door een laatste woord te herhalen met een stijgende intonatie:

A: Ja, dat zet je toch aan het denken ...

B: Dat zet je aan het denken ...

A: Ja, dat zijn belangrijke dingen die dan gebeuren en dan heb je toch even nodig om dat op een rijtje te zetten;

- gebruik stiltes. Wees niet bang als er even stilte is. De spreker hervat doorgaans zijn betoog. Dat is makkelijker gezegd dan gedaan. Oefen het als je er moeite mee hebt;
- maak aantekeningen.

Spiegelen: spiegelen wil zeggen dat je de emotie uit het verhaal van de ander samenvat. Dat is minder makkelijk dan de feiten samenvatten, maar kan wel tot verdieping in het gesprek leiden. Een goede manier is om het vragend te doen, zodat de ander ruimte heeft om erop door te gaan of om aan te geven dat het niet klopt.

Voorbeelden:

- Dat vond je vervelend?
- Dat irriteert je?
- Zie ik het goed dat je hierover twijfelt?

Let op dat je niet te veel stuurt en dat je geen overhaaste conclusies trekt.

Als de ander zich niet herkent in het gespiegelde is het niet per se verkeerd, maar kan de ander ook moeite hebben met emotie in het gesprek. Maak er geen discussie van, maar probeer te blijven steunen.

A: Nou, ik denk ook dat je het verdient en aan die stap naar senior toe bent, maar ik zit gewoon vast aan die waardeloze regels.
B: Dat frustreert je?
A: Nou, frustreren is een groot woord ...
B: <stilte>
A: Maar leuk is anders ...
B: Ja, dat kan ik me voorstellen.
<stilte>
A: Nou, hoe kunnen we daar iets aan doen?

DE BALANS TUSSEN IK EN DE ANDER

Een essentieel onderdeel van onderhandelen is het zoeken naar een balans tussen jouw doelen en die van de ander. Je hebt een belang in een onderhandeling, anders zou je de onderhandeling niet aan hoeven gaan. Je wilt die MBA, die flexibele werktijden, betere coaching, je wilt af van een opdracht die niet loopt et cetera. Maar je kunt wat je wilt niet doordrijven, afdwingen, kopen of bestellen; iemand anders moet het met je eens zijn en je meehelpen. Van die ander ben je ook afhankelijk om je zin te krijgen. Hij moet het tekenen, regelen, toegang geven. Nu is die baas ook weer afhankelijk van jou: jij levert inzet, hebt kwaliteiten, hebt een staat van dienst en een toekomst. Ook kan hij het zich niet veroorloven dat er conflicten ontstaan, die hem eruit laten zien als een manager die zijn mensen niet kan managen. Tegelijkertijd heeft hij macht: hiërarchisch is hij boven je gesteld en hij heeft het vermogen iets voor je te regelen of je voor te dragen. Beide partijen hebben dus eigen doelen én zijn afhankelijk van elkaar.

Als er sprake is van wederzijdse afhankelijkheid, dan werkt dat positief. Beide partijen weten en laten merken dat ze iets met elkaar willen en beiden beter willen worden. Elkaar wat gunnen, te beginnen met aandacht, maakt het onderhandelen makkelijker. Als één partij de ander nauwelijks nodig heeft, kan er een zodanige disbalans ontstaan dat er eigenlijk geen sprake meer is van onderhandelen maar van afdwingen. De strategieën die je dan in kunt zetten, bespreken we onder Omgaan met weerstand, bladzijde 184 e.v. Kijk ook eens naar de term BAZO.

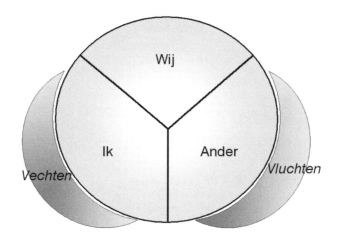

▶ Je kunt de test aan het eind van dit deel nu doen en daarna pas de toelichting lezen.

IK-GEDRAG

Soms moet je duidelijk stellen wat jij wilt of waar jij behoefte aan hebt – ook als het om samenwerking gaat – en soms is het zaak de belangen van de ander centraal te stellen.

De term 'ik' staat voor gedrag waarbij je je vooral richt op jouw belangen. Dat zijn momenten waarop je iets stelt, ruimte neemt in het gesprek, met kracht en gloed een betoog houdt et cetera. Ik-gedrag betekent een verharding van de eigen positie en afstand nemen van anderen. Voor onderhandelen betekent ik-gedrag streven naar goed resultaat, zelfvertrouwen, geloof hebben in jouw kracht.

Ik-gedrag:

- Ik wil meer verdienen volgend jaar en ben bereid dat als resultaatafhankelijk deel van mijn beloning in te vullen en dus een zwaardere target te accepteren.
- Ik mis feedback in het werk en heb daar behoefte aan. Ik wil meer coaching.
- Ik zit in het werk voornamelijk in mijn eigen team en wil de organisatie breder leren kennen. Vandaar dat ik wil deelnemen aan een van de strategische projectgroepen.

> ▶ Hoe scoor jij op ik-gedrag? Wat is jouw beeld daarvan? Welke feedback van anderen heb je daarover gehad? Wat betekent dat voor jouw aandachtspunten in de onderhandeling?

EMPOWERMENT, COACHING, SERVANT LEADERSHIP, IK ALS MERK

In nogal wat managementboeken wordt telkens weer betoogd dat medewerkers dé kritische succesfactor zijn en dat die factor op peil gehouden moet worden. De kritische, creatieve, flexibele kenniswerker kan in zijn contact met de klant de doorslaggevende beslissingen nemen en zorgen voor echte toegevoegde waarde. De manager is een coach die stuurt en steunt, die faciliteert, die zich met name richt op loopbaan en proces en erop vertrouwt dat het werk inhoudelijk wel klopt. Niet alle organisaties hebben het gedachtegoed echt vormgegeven maar het is wel gedachtegoed dat nagenoeg door niemand meer tegengesproken wordt.

Een bijzondere stroming hierbinnen is *empowerment* (*Empowerment*, P. Block). Empowerment betekent zoveel als bekrachtigen. De vraag staat centraal hoe medewerkers zich zo veel mogelijk richten op het leveren van een bijdrage aan de organisatie en zich daarin zo ondernemend mogelijk opstellen. Het management heeft dan de paradoxale opdracht om medewerkers ertoe te bewegen uit zichzelf zaken te ondernemen.

Bij empowerment wordt wel aan medewerkers een aantal vragen gesteld. Neem ze ook eens door om na te gaan hoe empowerd jij bent.

- Ik geloof in mijn autonomie. Mijn lot ligt in mijn handen. Ik ben verantwoordelijk voor mijn leven en werk. Als ik iets als een probleem ervaar, ben ik de eerst aangewezene om daarmee aan de slag te gaan. Ik heb dan ook een wezenlijke invloed en zoek ernaar die te vergroten.

- Mijn principes zijn mijn drijfveren. Principes, drijfveren, waarden en normen zijn belangrijke uitgangspunten voor wat ik oppak en hoe ik dat doe.

- Ik zoek naar het leveren van een bijdrage aan iets wat ik belangrijk vind. In vergaderingen, werk en gesprekken wil ik weten welke bijdrage aan welk groter geheel ik lever; waarom we het ergens over hebben en wat het doel is van een bijeenkomst.

- Ik heb vertrouwen in mijn eigen kwaliteiten. Ik ken mijn sterke en zwakke punten. Ik werk aan persoonlijke groei.

Als je erg aarzelt om volmondig 'ja' te zeggen op deze vragen, dan kan het zijn dat je onderhandelingsstijl ook wat aarzelend en vragend is. Zie ook het stukje over 'vluchten' onder 'De dark side' (bladzijde 163). Doorgaans doe je jezelf tekort ...

Vraag geen goedkeuring of toestemming maar onderhandel

Onderhandelen is iets anders dan een vraag stellen of een verzoek indienen. Een vraag of een verzoek is afhankelijk van de goedkeuring van iemand anders, het toepassen van bestaande regels of iets dergelijks. In een onderhandeling breng je wat jij wilt en wat de ander wil bij elkaar en bepaal je samen een oplossing. Zie ook Procedureniveau, 'Eerste positiekeuze'.

Als jij meer wilt verdienen, minder wilt werken of spannender projecten wilt, dan moet je dat kenbaar maken en het gesprek aangaan. Wacht niet tot iemand het je komt brengen en wees ook niet rancuneus als dat niet gebeurt.

Taboewoorden:

Wel ▪ Ik ben toe aan leukere projecten.

Niet ▪ Ik ben <u>geloof ik</u> wel toe aan leukere projecten ...

Wel ▪ Ik wil meer verantwoordelijkheid in mijn baan.

Niet ▪ Ik <u>denk</u> dat ik meer verantwoordelijkheid wil; ik <u>zou</u> dat ook <u>wel</u> aankunnen denk ik.

Wel ▪ Ik wil meer vrij zijn.

Niet ▪ Weet je dat ik <u>soms</u> best een beetje meer vrij zou willen zijn?

Wel ▪ Ik wil met een opleiding persoonlijke effectiviteit beginnen.

Niet ▪ <u>Misschien</u> wil ik wel met een opleiding persoonlijke effectiviteit beginnen.

Toestemming of goedkeuring vragen:

Wel ▪ Ik vind dat mijn salaris aangepast moet worden, ik vind namelijk dat ik te weinig verdien.

Niet ▪ Wat vind jij van mijn salaris?

Wel ▪ Ik heb behoefte aan meer feedback en coaching. Wat ik leer, leer ik vooral van eigen momenten van reflectie. Ik wil daar meer structuur in en meer ondersteuning van jou bij hebben.

Niet	▪ Weet je dat ik soms best feedback mis? Het zou denk ik goed zijn als je niet alles zelf hoeft uit te vinden, zeg maar. Misschien is dat een raar idee?
Wel	▪ Ik wil voortaan op woensdag vrij zijn.
Niet	▪ Misschien kan het niet en het is misschien nu het moment niet, maar ik zou op woensdag vrij willen zijn.

Wat je wilt buiten jezelf leggen:

Wel	▪ Ik wil 's maandags pas om 9.00 uur beginnen.
Niet	▪ Ik moet de kinderen wegbrengen en kan dus niet.
	Ik kan maandag niet voor 9.00 uur beginnen.

Van wie moet jij dat? Van jezelf toch!

NON-VERBALE SIGNALEN

Waarom hechten we geloof aan wat de een zegt en roept de ander het gevoel op dat iets niet klopt? Waarom luistert iedereen als persoon X iets zegt en kan persoon Y maar nauwelijks een woord ertussen krijgen? Bij onderhandelingen is het van belang dat de spreker aandacht krijgt en houdt, gezag heeft et cetera. Voor een groot deel zit dat in non-verbale signalen en de betekenis die wij in onze cultuur daaraan hechten.

▪ Iemand die met een stevig volume spreekt, komt dominanter over dan iemand die zacht spreekt.

▪ Iemand die fysiek ruimte in durft te nemen (gebaren, lopen in de ruimte, iets presenteren bij flip-over) komt dominanter over dan iemand die ineengedoken zit.

▪ Iemand die grote gebaren maakt, komt dominanter over dan iemand die kleine bewegingen maakt, zoals wriemelen aan kleding of spelen met een pen.

▪ Iemand die oogcontact maakt, komt dominanter over dan iemand die zijn blik neerslaat.

▪ Toon (diepe toon), spreektempo (rustig), blik (vast), houding (recht) die wij met ontspanning associëren, komt dominanter over dan óf nonchalance (onderuitgezakt, traag spreken, laat reageren, niet adequaat reageren) óf spanning (hoog spreektempo, hoge stem, ineengedoken, erg beweeglijk). Mits gedoseerd toegepast is het tonen van bevlogenheid weer wel effectief: stemverheffing, gloedvol betoog.

- Een duidelijk gestructureerd betoog is overtuigender dan een complex verhaal. Door structuurondersteuners (ten eerste, ten slotte, mijn conclusie is dus) wordt een verhaal ook gestructureerder. Werk altijd met inleiding, kern en slot:
  - mijn stelling is ... Ik heb daar drie argumenten voor (inleiding);
  - argument 1, argument 2, argument 3 (kern);
  - ik heb zojuist door 1, 2 en 3 willen illustreren dat ... (slot).
- Iemand die zijn betoog durft te verlevendigen en aandacht heeft voor vormgeving van de spreekbeurt komt overtuigender over dan iemand die een sobere bijdrage levert. Tussendoor de inhoud afwisselen met een voorbeeld, een anekdote, een citaat of een metafoor versterkt de kracht van de spreker.
- Iemand die veel aarzelt, nadenkt, woorden als 'waarschijnlijk', 'proberen', 'misschien', 'zou kunnen' gebruikt, komt minder overtuigend over dan iemand die stellig formuleert.
- Iemand die denkt in oplossingen, kansen en acties komt overtuigender over dan iemand die vooral problemen en bedreigingen ziet.

▶ Wat kenmerkt jouw presentatie? Wat hoor je van anderen daarover? Oefen het gesprek dat je gaat voeren eens en vraag feedback van iemand aan wiens mening je waarde hecht. Je zou het op video op kunnen nemen.

▶ Let op: blijf trouw aan je stijl. Trucjes, ingestudeerde zinnen, iemand na-apen zal niet werken. In het gesprek moet je aan veel zaken aandacht geven. Ken jezelf en weet wat jouw stijl doet met de ander. Werk aan verbeteringen die bij jou passen en die jouw stijl verbeteren. En durf te experimenteren in opleidingen en coaching om eens te verkennen wat er misschien beter bij je past dan je vermoedt.

VISIE OP ONDERHANDELEN

In *Met open vizies* van R. Fisher en *Geweldloze communicatie* van M.B. Rosenberg wordt een visie op moeilijke gesprekken gegeven, die zich gezien de titels laat raden. Reageer eens op de volgende stellingen.

STELLINGEN

Kies de stelling die het best bij jouw uitgangspunt past. Staat er geen passende stelling bij, vul dan jouw visie op de kwestie in.

a. Soms moet je een gevoelige kwestie niet bespreken om de samenwerking niet te schaden.
b. Een relatie wordt alleen maar sterker door gevoeligheden aan de orde te stellen.
c. ...

a. Met een concessie kun je de ander positief stemmen. Soms moet je iets cadeau doen om de ander ook in beweging te krijgen.
b. Een relatie wordt niet beter door een concessie. Relatie en inhoud zijn twee verschillende zaken, waartussen geen 'afruil' plaatsvindt. Wees hard voor de zaak en heb hart voor de inhoud.
c. ...

a. Als de ander het pittig wil spelen, kom dan maar op.
b. Als de ander het pittig wil spelen, dan gaat mij dat te ver en haak ik af.
c. Als de ander het pittig wil spelen, dan stel ik dat aan de orde.
d. ...

a. Als je weet dat de ander niet eerlijk onderhandelt, moet je dat zelf ook niet doen. Anders stel je je veel te kwetsbaar op.
b. Ik blijf eerlijk, ook al of zelfs juist als de ander dat niet doet. Ik bepaal mijn opstelling en heb niet per se iets van de ander daarvoor in ruil nodig.
c. ...

a. Het is toch lastig om tegenover 'de baas' stevig op te treden. Hij is nu eenmaal de baas.
b. 'De baas' is pas de baas als ik hem als zodanig behandel. De ander heeft alleen invloed als ik hem die geef.
c. ...

a. Hij irriteert me met zijn starre opstelling. Hij wil gewoon niets!
b. Ik erger me aan zijn opstelling. Ik heb dus een probleem.
c. ...

Bespreek je conclussies eens met een collega of je coach. Verschillen de visies?

ANDER-GEDRAG

Er zijn weer andere momenten in gesprekken waarbij het van belang is de ander(en) aandacht en ruimte te geven. Ander-gedrag staat dan voor dat gedrag waarbij je vooral contact zoekt met de ander. Je stelt vragen, je vat samen en gaat na of je het bij het rechte eind hebt, je benoemt emoties die je ziet, je leeft je in et cetera.

Voor onderhandelen betekent ander-gedrag luisteren, begrijpen wat de ander wil, proberen wezenlijke communicatie te hebben. Ander-gedrag leidt niet tot afhankelijkheid maar tot ontvankelijkheid. En hoe verleidelijk het ook mag zijn om je eigen doelen na te jagen, als je weet wat de ander wil, kun je makkelijker je eigen doelen halen (begrijp voordat je begrepen kunt worden, stelt Covey in *De zeven eigenschappen van effectief leiderschap*). En onderschat ook niet hoezeer je met vragen stellen het gesprek kunt sturen. Zie ook vragen stellen: sturen en steunen.

Ander-gedrag:

- Kun je toelichten wat voor jou 'bereikbaarheid' is? Je verwacht dat van me, dus ik denk dat het goed is dat duidelijk te hebben.
- Wil je eens ingaan op hoe je tot je voorstel voor mijn inschaling bent gekomen?
- Wat is van de vier dingen die jij biedt voor jou de belangrijkste?

> ▶ Hoe scoor jij op ander-gedrag? Kun je vragen stellen, je inleven in de ander en ruimte geven? Is dat uit interesse voor de ander en/of omdat je dan je doel beter bereikt? Moet je daar nog iets in ontwikkelen? Zo ja, hoe?

> ▶ Er zijn auteurs die aanraden een gesprek altijd te beginnen met een compliment. Maar dan ook een compliment dat je echt meent. Dat heeft een prettige uitwerking op de sfeer en dwingt je ook na te gaan wat je nu prettig vindt aan de ander of de situatie.

> ▶ Het wellicht wat on-Nederlandse flirten wordt ook steeds vaker gebruikt in werkrelaties. Kun jij dat op een niet-intimiderende manier?

WIJ-GEDRAG

Een extra dimensie in gesprekken ontstaat als er een balans is tussen ik- en ander-gedrag. Niet alleen is er dan een balans in motieven. De twee elementen versterken elkaar en zorgen voor een beleving van inspiratie én doelgerichtheid, van presteren én ontspanning. Inspiratie is de balans voelen tussen eigen kracht en openstaan voor invloeden of het gevoel van iets groters deel uit te maken. Er is ruimte om te experimenteren, vrijuit te spreken, te reflecteren, creatief te zijn en tot iets te komen dat zonder de ander niet gelukt was. Veel resultaat en volkomen ontspannen aan de slag zijn (vol-ledig, flow et cetera).

Hiervoor geldt wel dat alle deelnemers hierin moeten investeren. Iemand kan het voortouw nemen, maar uiteindelijk bepalen de deelnemers tezamen of er iets meer ontstaat dan alleen maar het uitwisselen van argumenten, het verkennen van posities of discussie ontstaat.

> ▶ Wanneer nam jij deel aan een gesprek dat jou het gevoel van flow gaf? Waar kwam dat door? Wat was jouw aandeel in het creëren van flow? Kun je dat 'aanzetten'?

DE BALANS TUSSEN IK EN DE ANDER

Hoe weet je nu wanneer je wat meer je eigen belang centraal moet stellen en wanneer je juist erg vragend moet zijn?

Als we het gespreksverloop als geheel bekijken, zie ook Procedureniveau, dan geeft dat wat houvast als het gaat om stellend of vragend zijn.

1. Voorbereiding	Oefen zowel je stellende (ik) als je vragende vaardigheden (ander).
2. Opening	Aandacht voor de ander: praatje, compliment, nader kennismaken.
3. Agenda en procedure-voorstel	Aandacht voor wat jij wilt (ik) en voor wat de ander wil en kom tot een afspraak.
4. Eerste positiekeuzen	Nadrukkelijk ik-gedrag. leg je wensen (eisen?) op tafel.
5. Exploreren	Zeer veel ander-gedrag: wat wil de ander écht, waarom, kan dat ook anders? Maar zorg dat jij ook jouw wensen bespreekt (ik).
6. Convergeren	Concessies doen vraagt een zorgvuldige balans tussen ik en de ander: je geeft wat weg (ander) maar wilt niet zwak overkomen (ik).
7. Formuleren van deal	Ander: samenvatten en concretiseren.
8. Evaluatie	Ander: feedback geven als dat past in de relatie; ik-gedrag als je behoefte hebt aan feedback.
9. Afsluiting	Ander: praatje.

Om je wensen neer te leggen heb je een stevige inzet nodig. Doorvragen bij de ander waarom hij wil wat hij wil en wat het belang van hem is, kan niet zonder goede vragen te stellen. Als je klaar bent met vragen en exploreren, is het weer zaak steviger in te zetten en na te gaan of je compromissen doet. Dus het verloop van het gesprek geeft per fase houvast.

Het is ook van belang na te gaan wat jouw natuurlijke opstelling in gesprekken is. Ben jij vragend en faciliterend? Ben je stellend en neem je graag ruimte in? Weet dan dat je je in je voorbereiding vooral op de andere rol moet richten, aangezien je natuurlijke rol wel goed zit. Dus de empathische vragensteller moet zich in de oren knopen ook voldoende stellend te zijn. Bereid dat voor, oefen dat, schrijf het – in een codewoord – op je aantekeningen. De prater die een gloedvol requisitoir houdt, moet zich inprenten dat hij voldoende verbinding met de ander moet maken en moet zien te begrijpen wat die ander wil.
Ten slotte is de balans tussen ik en de ander ook sterk afhankelijk van

wat die ander in het gesprek doet. Naarmate hij sterk stuurt, veel stelt, kan het verleidelijk zijn om te gaan volgen. Wees dus alert dat je in die gesprekken af en toe weerwoord geeft. En dat zal wellicht wat wrijvingswarmte geven. Is de ander erg vragend en ondersteunend, dan komen jouw wensen wel aan de orde en is het zaak erop te letten dat je ook uitvindt wat die ander precies wil.

DE DARK SIDE

Uit een recent onderzoek (*Carp* en *Intermediair* voorjaar 2006) onder 27 bedrijven bleek dat een groot deel van de hoogopgeleide mannen graag vier dagen wil werken maar het niet durft te vragen aan de baas. Vrouwen doen dat beter en krijgen dus vaker parttime aanstellingen.

Je werkt en werkt en bent doende met van alles en nog wat en op een gegeven moment wordt een verlangen alsmaar duidelijker. Een vage onvrede, een ongearticuleerde wens sluimert ergens vanbinnen, maar wordt alsmaar moeilijker te negeren. Het is geen dagdroom of fantasie, maar wordt een wens. Het wordt een eis. Je kunt niet langer verder zonder dat je iets doet met die wens. Spannender projecten, meer cash, behoefte aan verdieping en persoonlijke ontwikkeling, 'nee' zeggen tegen alle koeliewerk, meer thuis zijn, een andere kamer of een andere kamergenoot, een nieuwere laptop, een eind aan het eeuwige gezeur van de baas over je acquisitievaardigheden, reële en te beïnvloeden targets, meer doen aan innovatie, ruimte om tot die publicatie te komen die je in gedachte al praktisch af hebt, minder vergaderingen, een gratificatie voor je tomeloze inzet van het afgelopen jaar. Je squashpartner verdient meer, je talentloze buurman heeft een mooiere auto, je pas opgestapte collega stapelt het ene internationale succesproject op het andere en je zwager raakt niet uitverteld over zijn maatwerk-arbeidsvoorwaardenpakket dat levensloopbestendig is en waardoor hij nu voor drie maanden in een Tibetaans klooster zit waar hij zich gaat bekwamen in het zoeken naar de stilte in zichzelf.

Je wilt het zo graag ... Je besluit ervoor te gaan: het gesprek moet er komen! Vandaag nog.
Het risico bestaat dat je je eisen kras op tafel legt en dat je je zo opgela-

den hebt dat je insteek snel leidt tot alles of niks en dat een tegenvoorstel van je leidinggevende leidt tot escalatie. Te zeer gebrand zijn op een inzet, maakt je kwetsbaar door je gebrek aan afstand. En voor je het weet ben je aan het drammen, word je kwaad, ga je op de persoon spelen of dreig je met je vertrek. De grondgedachte wordt dan: ik hoef niet te winnen als de ander maar verliest.

We kunnen dit soort vechtgedrag zien als te sterk aangezet ik-gedrag: te sterke oriëntatie op jezelf en je eigen doelen, kan leiden tot drammen, irriteren, op de persoon spelen, gevoelloos zijn voor anderen en hun belangen.

Het tegenovergestelde van de neiging te vechten is de neiging te vluchten. Geconfronteerd met een pittige situatie in een gesprek kan het verleidelijk worden om een confrontatie te vermijden, gevoelens niet uit te spreken, een onderwerp te mijden, makkelijk concessies te doen, niet op te komen dagen, te zwijgen et cetera.

De neiging te vluchten kan voortkomen uit een te sterke oriëntatie op de ander. Om de relatie niet te schaden, de sfeer goed te houden, ruzie te voorkomen, spanningen te vermijden, wordt de kwestie niet op de spits gedreven. En ach, hoe belangrijk is het nou ...
   Bij vluchten is er een extra nadeel: waar vechtgedrag nogal eens scoort bij anderen, is vluchten iets waar je je niet makkelijk op laat voorstaan. Dat betekent dat in de praktijk vluchtgedrag nogal eens gecamoufleerd wordt. In plaats van toe te geven dat je overbluft wordt, heeft de ander trucs gebruikt. In plaats van toe te geven dat de krasse voorbereiding met allemaal kranige statements er niet duidelijk uitkwam in de onderhandeling, wordt een terugblik vermeden.

Doorgaans merk je fysiek dat er spanning is. Je krijgt het warmer, je hebt het gevoel dat de tijd sneller gaat, je verliest je greep op het gesprek. Vaak is dat het moment dat je primair gaat reageren en dat vlucht- of vechtgedrag aan de orde is. Het is dan de kunst om dat waar te nemen en opnieuw bewust te gaan onderhandelen. Zie ook Omgaan met weerstand, bladzijde 184 e.v.

▶ Emoties mogen. Maar wel maar één partij tegelijk.

▶ Ken je de neiging om te vechten of te vluchten? Welke neiging is dominanter? Wanneer steekt dat gevaar vooral de kop op? En wat heb je daar tot nu toe aan gedaan?

JIJ GAAT VECHTEN

Als jij degene bent die gaat vechten, dan is het zaak dat bij jezelf te signaleren en ervoor te zorgen dat je jezelf uit die groef haalt. Immers, je voorland is dreigende escalatie of een leidinggevende die aangeeft zo niet te willen overleggen en dan ben jij de kwaaie pier. Het allerbelangrijkst is dat je bij jezelf waarneemt dat de spanning te groot wordt. Vaak is die waarneming alleen al voldoende om uit de escalatie te komen.

- Drink een slokje water.
- Word toeschouwer van jezelf en de ander. Ga naar de tribune, in termen van Ury (*Onderhandelen met lastige mensen*).
- Stel voor even te pauzeren en koffie te halen.
- Probeer het te benoemen: ik merk dat ik me opwind ...
- Wees een moment stil.
- Houd even iets zachts vast, zoals het rubberdeel van een pen of een deel van je kleding.
- Dwing jezelf te relativeren: is dit de hele toestand waard?
- Ga van het onderwerp af: hoe laat is het eigenlijk, waar zitten we in de agenda?

Als je dit doet, ervaar je dat de tijd weer langzamer gaat en je weer weet wat je doet. Overweeg te bespreken wat er voorgevallen is of het kort te melden. Ga dan door met een samenvatting op procedureniveau en ga verder met het onderwerp. Zie ook het schema over schakelen (bladzijde 25).

Dus:

STANDPUNT

In workshops doen we wel eens de volgende oefening. Ga op een A4'tje staan met twee voeten. Plant je voeten stevig erop. Iemand anders mag nu proberen je eraf te duwen of te trekken. Daarna zet je één voet op het A4'tje en die andere voet mag je vrij bewegen en ronddraaien. Nu mag de ander weer proberen jou eraf te duwen of te trekken.
Wat zegt dat over het vasthouden van een standpunt?

Het zegt dat als je twee voeten op je standpunt plant en als je je resoluut opstelt je veel makkelijker van je standpunt te duwen bent, dan wanneer je het weliswaar vasthoudt met één been maar ook in bent voor andere zaken. In dat laatste geval ben je veel standvastiger.

AIKIDO ALS METAFOOR

De Japanse krijgskunst aikido wordt nogal eens gebruikt als metafoor voor omgaan met spannende situaties. Deze krijgskunst laat fysiek ervaren hoe je ook op spanning kunt reageren. Vaak wordt beweerd dat mensen geconfronteerd met stress maar twee reacties kennen: vechten of vluchten. Toch is er ook een derde weg: eruit stappen, meegeven, meebewegen. Geheimtaal wellicht. Eigenlijk is het ook iets wat zich het best leent voor ervarend leren. Als je eens in de gelegenheid bent om een aikidosessie bij te wonen, liefst door beoefenaars die het als metafoor voor onderhandelen kunnen gebruiken, dan is het een verrijkende ervaring. Zie ook www.aikikai.nl.

De principes achter aikido vragen veel van de traditionele westerling. In bijvoorbeeld *Buigen uit vrije wil* van Ed Nissink wordt een en ander uitgelegd. Maar op instrumenteel niveau is één aspect snel te gebruiken.

Geconfronteerd met spanning: loop er niet voor weg, bestrijd het ook niet maar doe – mentaal – een stap achteruit en word toeschouwer. Ga naast de ander staan en bekijk eens wat hij ziet. En naast iemand staan, is ook een veilige plaats. Veiliger dan lijnrecht tegenover iemand.

> ▶ Als je in moeilijke gesprekken merkt dat je gaat vechten, kun jij jezelf dan uit die groef halen? Wat werkt voor jou?

Test 'Ik en de ander'

1 Wat is voor jou in een onderhandeling het belangrijkst?
  (meerdere of alle antwoorden zijn mogelijk)
  ❑ Doelen hebben en daar echt 'voor gaan'.
  ❑ Winnen, en dat mag best in een stevig gesprek.
  ❑ Luisteren en de ander begrijpen.
  ❑ Spanningen en conflicten vermijden.
  ❑ Samenwerken met oog voor ieders belang.

2 Verdeel 10 punten over onderstaande 5 stellingen.
  ❑ Ik heb in een onderhandeling een duidelijke limiet voor ogen.
  ❑ Ik pas in een onderhandeling wel eens een 'ondeugende' truc toe.
  ❑ Ik stel eerst veel vragen om te weten hoe de ander in het gesprek zit.
  ❑ Ik let goed op de sfeer en dat we niet te ver gaan.
  ❑ Ik weet wat ik wil maar sta open voor andere goede oplossingen.

3 Verdeel 10 punten over onderstaande 5 stellingen.
  ❑ Ik bereid me voor en denk na over wat ik wil.
  ❑ Ik hoor dat mijn optreden als erg stellig wordt gezien.
  ❑ Ik wil door mijn inzet een bijdrage leveren aan een groter geheel.
  ❑ Ik voel mij wel eens schuldig over het niet bereiken van doelen.
  ❑ Als de gesprekspartner en ik beiden op dreef zijn, dan inspireren we elkaar.

4 Verdeel 10 punten over onderstaande 5 stellingen.
  ❑ Als anderen fouten maken, neem ik het gesprek over.
  ❑ Als de ander zijn doelen niet behartigt, is dat zijn probleem.
  ❑ Ik vind mildheid en rust essentieel voor mijn inzet.
  ❑ Ik vind het soms lastig mij te uiten in samenwerking.
  ❑ Ik heb doelen, maar zie in het gesprek wel waar we uitkomen.

5 Geef aan welke stelling het meest waar is voor jouw rol in
onderhandelingen:
- ❏ Ik wil in gesprekken een prestatie leveren.
- ❏ Als een doel onbereikbaar wordt, ga ik toch door.
- ❏ Ik ben oprecht geïnteresseerd in wat de ander wil.
- ❏ Als een gesprek niet loopt, dan lukt het mij niet dat te
veranderen.
- ❏ Goede samenwerking kan mij inspireren en tot betere prestaties
brengen.

6 Geef aan welke stelling het meest waar is voor jouw rol in
onderhandelingen:
- ❏ Ik laat me niet makkelijk van mijn doelen afbrengen.
- ❏ Ik speel wel eens de persoon in plaats van de bal.
- ❏ Ik hecht eraan te komen tot verbondenheid in samenwerking.
- ❏ Ik bereik de ander vaak niet écht.
- ❏ Ik zet graag een goede prestatie neer om mijn groep verder te
helpen.

7 Geef aan welke stelling het meest waar is voor jouw rol in
onderhandelingen:
- ❏ Ik vind het van belang dat ik een gesprek kan sturen.
- ❏ Ik ben niet bang voor escalatie.
- ❏ Ik voel me verantwoordelijk voor de samenwerking.
- ❏ Ik doe soms te makkelijk concessies.
- ❏ Ik wil de ander begrijpen, ook om zelf begrepen te worden.

Achter in dit deel staat hoe je je score kunt verwerken en hoe je
het schema op de volgende bladzijde kunt invullen.

Schema 'Ik en de ander'

Bij het schema:

- Waar zit jouw dominantie? Lees de tekst die bij dat deel van het model hoort nog eens door.
- Hoe zit het met de balans ik–ander?
- Hoe zit het met jouw wij-score? Let op, die is nogal eens hoog omdat de stellingen die erbij horen sociaal-wenselijk worden ingevuld.
- Hoe zit het met de balans ander–vluchten?
- Hoe zit het met de balans ik–vechten?
- Wat betekent dat voor jouw voorbereiding op een onderhandeling?

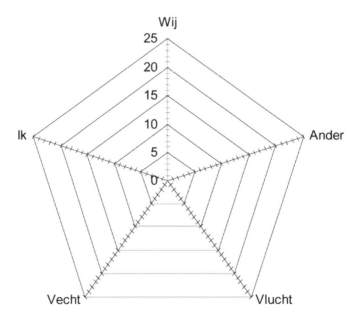

Deel II: Wees gevoelig voor de context

Wat voor het psychologisch contract geldt: boeien en/of binden?

Het psychologische contact gaat over de beleving van de relatie tussen de werkgever en de werknemer. Doorgaans is dat geen expliciet contract of een uitgesproken verwachting, maar juist een impliciet gevoel van wat de ander bij te dragen heeft aan die relatie. Verwachtingen zijn hierbij een erg belangrijk onderdeel. De nadruk die werkgevers enkele jaren geleden legden op employability in plaats van de verzorgende werkgever (*lifetime employment*) was een verandering van het psychologisch contract. Ook uitingen als 'geen baangarantie maar een werkgarantie' duiden op de behoefte van de werkgever verwachtingen ten aanzien van vastigheid te temperen.

In de HRM-visie geeft de organisatie aan hoe zij dit psychologisch contract ziet. Wat zijn sleutelwoorden voor de organisatie als het gaat om die relatie? Het is de kunst die relatie zo te omschrijven dat ze waarheidsgetrouw is en uitdagingen voor de toekomst biedt.

Stel dat je leidinggevende ideeën heeft over een loopbaan, die erop neer komen dat je de plicht hebt altijd meer te willen en altijd te zoeken naar promotie. Als dat niet meer lukt, moet je maar vertrekken (*up or out*). Bij zo'n leidinggevende komt jouw verzoek om een jaartje een lagere target te hebben en meer tijd voor privé- en zorgtaken anders binnen dan bij de coach die het voor jouw ontwikkeling goed vindt om je eens wat meer te verdiepen en aan reflectie te doen, zodat je op lange termijn een interessante medewerker blijft.

Wat weet je van de partij waar je mee onderhandelt als het gaat om de visie op HR, op loopbanen en op jou?

Een leidinggevende die gesteld is op anciënniteit en die vindt dat je je eerst maar eens bij hem moet bewijzen, ondanks je fonkelende cv, die zal het waarderen als je conservatief insteekt bij je salariseis en die zal

ervoor openstaan daar na een halfjaar of een jaar nog eens naar te kijken. Een andere leidinggevende – bijvoorbeeld uit de *sales*hoek – zal die
conservatieve eis zien als een gebrek aan gretigheid en agressie. En
uiteraard geldt uiteindelijk dat jij bepaalt wat je eis wordt, maar het kan
geen kwaad eens wat te anticiperen.

> ▶ Maak eens een lijstje van waarden die voor jouw (aanstaande) lei-
> dinggevende van belang zijn. Welke zijn relevant voor loopbanen,
> waardering en beloning? Komen ze overeen met jouw waarden?

BOEIEN EN/OF BINDEN

De discussie rond het psychologisch contract wordt door Bruel en
Colson (in *De geluksfabriek*, Bruel en Colson, Scriptum, 1998) gevangen
in twee begrippen: boeien en binden. Zie ook Inhoudsniveau, bladzijde
30 e.v.

> Tijdens het inwerktraject kwam een uitnodiging binnen van de HR-
> afdeling voor een sessie met een groepje nieuwe medewerkers. De
> cultuur leren kennen en de product-marktcombinaties. Van elke
> afdeling kwam de manager. Dus niet zomaar adviseurs, maar de
> managers. En waar was ruimte om de werkervaring van vorige werk-
> gevers te bespreken? Er waren 'nieuwe' medewerkers die al tien jaar
> relevante werkervaring bij topbureaus hadden ... De cultuur was
> meteen duidelijk.

> ▶ Wat is de dominante cultuur in de organisatie waar je gaat onder-
> handelen? En is de leidinggevende daar een exponent van? En
> waar voel jij je goed bij? Ook over vijf jaar?

'IK WIL MEER'- VERSUS 'IK WIL MINDER'-GESPREKKEN

In de organisatiecultuur waarin boeien past, is een soort *up-or-out*-sfeer gebruikelijk: je wilt meer en wij betalen je meer als jij maar levert wat je belooft. Partijen jutten elkaar op en de prikkels moeten stevig zijn en de doelen ambitieus. Jouw cv en personal brand zijn voor jouw essentiele *assets* en de organisatie wil jou laten blinken, en wel zo snel mogelijk. In die culturen zijn 'ik wil minder'-gesprekken moeilijk, want die passen niet bij wat men verwacht van de medewerker.

IK WIL MEER

Ik wil meer kan verschillende vormen aannemen:
- Ik wil meer salaris, een bonus, een gratificatie.
- Ik wil meer aandacht, coaching, leiding, supervisie.
- Ik wil een opleiding, cursus, verdieping, publiceren, een MBA, promoveren.
- Ik wil meer verantwoordelijkheid, meedoen aan strategische projecten, meepraten met denktanks, zwaardere accounts, sneller bij projecten betrokken zijn, leidinggeven aan grote projecten.
- Ik wil leidinggeven.

BOEIEN EN MEER ...
Meer willen past prima in een psychologisch contract dat over en weer is gebaseerd op de idee dat de medewerker geboeid wil worden: onmiddellijk interessante uitdagingen en prikkelende arbeidsvoorwaarden, geen gedoe over toekomst, cultuurdragers, pensioen of beloften dat het met wat geduld allemaal wel komt.

Essentieel voor deze onderhandeling is dat beide partijen er zichtbaar beter van worden: jij werkt harder en levert dus meer waarde en daarvoor ontvang jij een grotere beloning. Zeker bij het halen van targets en andere resultaatafhankelijke beloningen is het risico voor de onderneming nauwelijks aanwezig; de onderneming betaalt alleen als jij je doelen haalt en de onderneming geeft daar geen voorschotten op. Daarmee passen deze onderhandelingen wat meer in het klassieke beeld van onderhandelen: voor wat hoort wat.

Tijdens zijn laatste salarisonderhandeling voor een nieuwe baan had Eelke voor zijn salaris een conservatieve insteek: hij wilde ten minste hetzelfde verdienen als hij nu verdiende maar het hoefde niet per se meer te zijn. Hij voelde namelijk in zijn vorige baan een heel grote druk om te scoren, te acquireren, declarabel te zijn. Dat was met een moeilijk product in een moeilijke markt. Dus een topsalaris betekende voor hem meer druk dan een reële inschaling. Wat hij verdiende bleek uit benchmarks marktconform, dus dat moest geen moeilijk onderhandelpunt zijn. Hij wilde wel dat er na een jaar ruimte was voor grote sprongen als zou blijken dat hij het buitengewoon goed deed. Want als je nu conservatief ingeschaald wordt en het jaar erna is de bandbreedte maximaal één periodiek, dan zit je er wel erg aan vast. Nou, dat werd ook zo afgesproken.

In dat eerste jaar leerde hij zijn baas beter kennen. Het bleek dat deze licht allergisch was voor nieuwe medewerkers die meteen eisen stellen. Ook was hij erg op de centen, dus een taaie onderhandelaar. Maar hij was wel erg voor belonen van bewezen diensten en gebleken loyaliteit. Dus toen het eerste jaar goed ging, kwam hij met het voorstel voor anderhalve periodiek én een gratificatie.

Binden en meer ...

In organisaties waar binden past, is een 'ik wil meer'-gesprek wel eens lastig. Dat kan omdat er een egalitaire, collectivistische sfeer bestaat die niet past bij individuele acties. Liever niet willen uitblinken in macho-scoren maar in ondersteunen en faciliteren van anderen. In zo'n cultuur kan er ook arbeidsvoorwaardelijk weinig ruimte zijn door een dichtgetimmerde CAO en weinig lokale financiële speelruimte.

In een team van verpleegkundigen is een verpleegkundige nuchter en zakelijk. Als ze een dienst niet wil ruilen doet ze dat ook niet en maakt ze er verder weinig woorden aan vuil. Ook heeft ze – zo wordt gefluisterd – bepaalde werktijden bedongen bij het in dienst treden en schijnt ze vrij hoog ingeschaald te zijn. Het team heeft het maar moeilijk met iemand die zo zijn eigen boontjes dopt.

Ook kan er een patriarchale cultuur zijn, waarbij de baas niet gehinderd door beleidskaders en regelingen wel uitmaakt wanneer jij voor iets aan de beurt bent. Als je in de spotlights staat, kan alles en als je niet bij de uitverkorenen hoort, moet je niet zeuren. Want onderhandclen is een teken van disloyaliteit en disloyaliteit is een doodzonde. Die baas zal ook erg allergisch reageren op verzoeken die op de wet gebaseerd zijn of een verzoek om eens regels op te stellen; die regels zijn er en blijven ongeschreven én iedereen kent ze!

Een groep trainees komt aan het eind van een lang traject en is toe aan een goed aanbod. De onderneming is bekend, de mensen kennen de trainees, ze hebben bijna allemaal 'goede pers' en niks lijkt in de weg te staan van een contract met een modern pakket arbeidsvoorwaarden. Voor sommigen is de traineetijd ook een stap achteruit geweest, omdat ze al een reguliere baan hadden en dus even ingeleverd hebben met als doel te leren. De groep bespreekt gezamelijk de wensen en hoewel ze wat uiteenlopen, zijn de beelden over wat ze willen vrij eensluidend.

Het gesprek met een van de directieleden wordt een grote disceptie: de directie was er niet van gediend dat een groepje jonge mensen zich zo opstelde. 'Ze zouden dankbaar moeten zijn voor het aanbod! En dan nog meer willen ook.'

De DGA van een productiebedrijf deelt bij de deur geld uit: een tientje (guldens waren het nog) voor iedereen die op tijd is. Behalve voor één iemand, die als drinker bekendstaat. Die krijgt geen tientje, want die geeft het toch maar uit aan drank. Dat krijgt die persoon ook te horen. Diezelfde baas verstrekt een lening, zonder één letter op papier te zetten en met als terugbetalingsregeling 'betaal maar terug als je het hebt', aan iemand die wil gaan trouwen maar geen bruiloft kan betalen en niet van zijn familie wil lenen.

IK WIL MINDER

De laatste jaren worden onderhandelingen ook gevoerd door medewerkers vanuit het perspectief: ik wil minder of ik wil een tijdje minder.

Minder kan betekenen:
- Ik wil minder uren werken: later beginnen, kortere werkweek, vaste begin- en eindtijd, geen overwerk, een dag minder werken, deels thuiswerken (dus minder op kantoor zijn).
- Ik wil een lagere target.
- Ik wil minder verantwoordelijkheid intern: minder leidinggeven, zware strategische projecten, acquisitie, accountmanagement, netwerken, seminars en congressen.
- Ik wil van een lastig project af.
- Een tijd eruit willen voor opleiding, reflectie of ontwikkeling.
- Meer tijd voor zorgtaken.
- Niet-declarabele extra taken afstoten (vergaderen, ontwikkelwerk dat niet betaald wordt).

Ik wil, kortom, mijn werk deprioriteren en iets anders doen. Of gewoon uitrusten. Maar in elk geval ben ik even niet meer 100% eigendom van de zaak. En dat heeft impact op het psychologisch contract.

Zie ook www.minszw.nl voor de verlofwijzer en Wet aanpassing arbeidsduur als een voorbeeld van wat in deze tijd wettelijk gefaciliteerd wordt. Ook veel CAO's kennen regelingen voor verlof, soms gekoppeld aan levensfasen.

Tijdens de evaluatie van de Wet aanpassing arbeidsduur, die mannen en vrouwen het recht geeft te verzoeken om meer of minder lange werkweken, bleek dat er slechts in een klein aantal gevallen voor de rechter een beroep op die wet gedaan werd. Kennelijk procedeert de Nederlander vanuit een werkrelatie niet makkelijk. De vraag is ook hoeveel organisaties het door de rechter opgelegde parttime werken sportief opvatten.

IK WIL MINDER IN EEN ONDERSTEUNENDE CULTUUR ...
In sommige organisaties is minder willen een geaccepteerd gesprek waar ruimte voor is. In culturen waar zorg voor medewerkers is, zal het signaal van een medewerker serieus genomen worden. Het is dan ook geen daad van disloyaliteit om werk (even) minder belangrijk te vinden, maar een reëel verzoek. En hoe belangrijk is het werk nou? Dit zijn ook de culturen waar medewerkers die overbelast dreigen te raken hiermee naar een leidinggevende kunnen of dit aan het team kunnen voorleggen en waar dan begrip voor is.

IK WIL MINDER EN BOEIEN EN BINDEN ...
Bij boeien is het opvoeren van de druk om te presteren essentieel en is dus minder willen echt onbespreekbaar: functies kunnen alleen fulltime, los problemen op maar laat je werk er niet onder lijden en het niet halen van je target (en dus je bonus) is iets wat een keer kan voorkomen, maar geen twee keer. In culturen waar binden essentieel is, is het niet vanzelfsprekend dat er meer ruimte is: werk is wel écht belangrijk. Zeker in de culturen met een wat conservatief, licht patriarchaal management is minder willen ook geen carrièrezet.

Uiteraard kunnen werkgevers er inmiddels niet meer onderuit dat medewerkers wensen hebben ten aanzien van bijvoorbeeld minder werken weinig bedrijven hebben daar echter een actief beleid voor. Zie ook de eerder geciteerde wetgeving op bladzijde 50.

Ook collega's steunen de levenswandel van collega's niet altijd van harte. Verlof leidt tot spanningen bij de 'achterblijvers'. De herbezetting is het probleem. Het werk wordt complexer en kennisintensiever en is daardoor moeilijker in korte tijd over te dragen. Ook kan bezuiniging of krapte op de arbeidsmarkt een belemmering zijn bij het zoeken naar vervangers. Maar er zijn ook werkgevers die gewoon niet van plan zijn om de groei in verlof te compenseren met herbezetting.

Uit een onderzoek van het Instituut voor Arbeidsstudies (OSA) onder de 30 grootste werkgevers van Nederland, blijkt dat het verlof niet door herbezetting met tijdelijke krachten wordt gecompenseerd. De achterblijvers moeten het opknappen, lijkt de algemene gedachte. Verlofgangers zelf werden voor een onderzoek van de Universiteit van Amsterdam ondervraagd over de herbezettingpraktijk bij verlof. 50% gaf aan dat collega's het werk overnemen, 12% verwachtte het werk bij terugkomst zelf weer op te pakken, 14% had geen idee wat er zou gebeuren en 2% verwachtte dat het werk helemaal niet gedaan zou worden.

Ook mannen schromen om hun wensen op het privévlak kenbaar te maken. Onder het kopje 'Bang voor de baas' meldde *Carp Magazine* dat veel mannen een dag minder zouden willen werken, maar dat op het werk niet durven aansnijden. Of hier sprake is van een grote zelfcensuur of dat organisaties daadwerkelijk zo conservatief zijn, is moeilijk te zeggen. Degenen die als near-fulltimers fungeren, geven aan efficiënter te werken dan toen ze nog een volle werkweek werkten.

GENDERISSUES, INTERCULTURALITEIT EN VERZUIM

MAN/VROUW

In *Lef! Loopbaancoach voor vrouwen* leggen Esther de Bruine en Yolanda Buchel uit dat vrouwen hun hele leven minder uitgedaagd worden en allerlei signalen krijgen over hun loopbaankeuzes die leiden tot de idee dat het minder voor de hand ligt dat zij voor de top gaan. Minder uitgedaagd worden én daar langzaam in geloven leidt dus tot een minder assertieve opstelling. In *Lef!* beschrijven de auteurs dat sommige vrouwen daar ook niet ingewikkeld over doen: je hebt meerdere doelen en wilt naast het werk ook leuke dingen doen, dus dan maar niet die droombaan met al die eisen en belasting die erbij horen. Als dat een authentieke keuze is, is dat uiteraard een te respecteren positie. Als die opstelling het product is van opvoeding, aanleg, omgeving of wat niet al, dan is het te overwegen maar eens een andere koers te kiezen.

Voor onderhandelingen in je loopbaan is het dubbel relevant. Van de ene kant kunnen beelden over jezelf jou hinderen in je opstelling. Wellicht eis je te weinig, schat je je waarde te laag in of houd je rekening met het feit dat je misschien een tijdje minder wilt gaan werken. Hoe rationeel en oprecht zijn die neerwaartse bijstellingen?

Aan de andere kant kan je gesprekspartner of kunnen je gesprekspartners beelden hebben over wat wel en niet kan, die jou hinderen. Het klassieke glazen plafond, beelden over mannelijke en vrouwelijke competenties, de vrees voor parttime en het 'deprioriteren' van werk ...

Over rolvoorstellen benoemen en al dan niet accepteren, spreken we onder het kopje Omgaan met weerstand. De strekking is dat het de kunst is om expliciete en impliciete oordelen en diskwalificaties te benoemen en onderwerp van gesprek te maken.

Baas: Hoe oud ben je nu?
Jij: 32. Hoezo?
Baas: Nou, omdat dit veeleisend werk is.
Jij: En dat is nu net wat me aanspreekt.
Baas: Gelukkig. Ja, het is misschien op termijn lastig te combineren met privé ...
Jij: Wat wil je vragen of zeggen?
Baas: Hoezo?
Jij: Het hele gesprek is erg concreet en nu vraag je naar mijn leeftijd en inzet zonder dat duidelijk is wat je vraag is.

In dat deel stellen we ook voor om het in een gesprek niet over algemeenheden te hebben maar over jou en jouw vraag (eis!). Voorkom een discussie over wat vrouwen in het algemeen wel en niet willen of wat parttimers voor mensen zijn of hoe het zit met de arbeidsmoraal van de jeugd van tegenwoordig. Bewaar dat gesprek maar voor de borreltafel van het eerste bedrijfsuitje of de vrijmibo.

Baas:	Kijk, het is niet dat ik jou die verantwoordelijkheid niet gun, maar ik zie veel jonge vrouwen die op termijn toch voor dit soort zware klussen bedanken.
Jij:	En dat geldt ook voor mij?
Baas:	Nou, ik wil je daarvoor waarschuwen.
Jij:	Dat waardeer ik. Maar mijn beslissing om meer projecten te willen leiden in plaats van te coördineren is weloverwogen.
Baas:	Ook te combineren met jouw toekomstplannen?
Jij:	Voorspellen is moeilijk. Maar hier zit een gemotiveerde medewerker voor je.

De *Scientific American* (voorjaar 2006) meldt dat een zwangerschap zorgt voor een revolutie in het brein. Na de bevalling zijn vrouwen efficiënter, alerter en in staat meer taken tegelijk uit te voeren. Dat is nog even wat anders dan het beeld van de vrouw na de zwangerschap die als een emotioneel wrak rondsjokt en de prioriteit alleen nog maar thuis heeft liggen, en die dus onmogelijk meer aankan dan een marginaal parttime baantje. Hoe hardnekkig echter zijn in veel ondernemingen nog de vooroordelen ten aanzien van vrouwen die zorgtaken en een loopbaan willen combineren.

▶ Is zo'n *genderissue* voor jou relevant? Zijn het jouw beelden – zelfcensuur – of zijn er feiten? Komen beperkingen van de top en zijn het beleidsregels of is het het middenmanagement dat zijn problemen bij medewerkers legt? En hoe staan collega's in dit soort discussies: helpen of hinderen ze?

INTERCULTURALITEIT

In Nederland wordt wel eens verzucht dat er met bepaalde delen van ons landje echt niet te werken is: te direct of juist achterbaks, ijskoud en afstandelijk of juist te gezellig. Daar waar er meerdere culturen aan één onderhandelingstafel zitten, is er kans op spanningen als deelnemers er niet op bedacht zijn.

In een onderhandeling 'speel' je met dominantie en autonomie en zet je soms wat hoog in om doelen te bereiken. Dan is het wel van belang dat je sensitief genoeg bent om op te pikken wanneer de ander het spel beu wordt en wanneer je nog in de veilige zone opereert. Voor communicatief competente leden van één cultuur is dat al een hele hijs, maar als er naast deze zetten in een strategisch spel ook nog cultuurverschillen een rol spelen bij het toekennen van betekenis en het waarderen van bepaalde acties, dan is er potentieel spanning.

We kunnen het hier niet veel instrumenteler maken dan: ga na of cultuurverschillen een rol kunnen spelen in de onderhandeling. *Riding the Waves of Culture* van Fons Trompenaars of *Allemaal andersdenkenden* van Geert Hofstede gaan hier op in. Een aspect als machtsafstand is essentieel voor onderhandelen. Als de baas ook echt de baas is en met die egards behandeld wil worden, is dat anders dan de baas die weliswaar baas is maar hecht aan gelijkwaardigheid in de samenwerking.

Verzuim en onderhandelen

Een bijzondere situatie ontstaat als je wegens ziekteverzuim uit het arbeidsproces raakt en afspraken gaat maken over hoe je gaat re-integreren. Bij een gebroken been of een blinde darm is dat niet zo moeilijk: herstel zal waarschijnlijk een standaardverloop kennen en wat je wel en niet kunt zal door een arts objectief te beschrijven zijn. Als de oorzaak van verzuim sociaalpsychisch is en uit het werk voortkomt, wordt het al lastiger: wat is dan bronbestrijding, een goed tempo van terugkeer?

Met de Wet verbetering poortwachter is het beginsel dat werkgever en werknemer de bepalende partijen zijn bij verzuim uitgewerkt. De bedrijfsarts adviseert, maar werkgever en werknemer moeten samen actief werken aan re-integratie.

In week acht van het verzuim moet er een plan van aanpak opgesteld worden, waarin wordt vastgelegd hoe de re-integratie zal verlopen. Er zullen al eerder momenten zijn geweest waarin je hebt moeten onderhandelen: wel of niet werken, ander werk, tijdelijk werk, werk met ondersteuning, wat doen we met toeslagen, weet je al wanneer je weer terugkomt, wat moet er allemaal gebeuren et cetera. Wellicht is een en ander vastgelegd in verzuimbeleid, maar dan nog moet het voor jouw unieke situatie toegepast worden. In die gesprekken onderhandel je ook; alles wat in dit boek staat, is daarop onverkort van toepassing.

In situaties als verzuim of conflicten is het al wat gebruikelijker dat je je laat bijstaan, maar ook dan kan dat als daad van wantrouwen gezien worden (het begin van het einde ...).

Met name in verzuimsituaties zie je de bedrijfscultuur en de leiderschapsstijl terug: is ziekte een teken van zwakte of hebben we met z'n allen niet gezien dat jij 'op omvallen stond'? Zie de 'ik wil minder'-gesprekken op bladzijde 176 e.v.

Via www.minszw.nl vind je van alles over de Wet verbetering poortwachter. Via www.uwv.nl vind je een voorbeeld van een plan van aanpak en allerlei informatie over ziek zijn en je rechtspositie.

Deel III: Als het spannend wordt

Scheid mensen van problemen

Wat betreft onderhandelen is het motto dat Fisher hanteert in *Excellent onderhandelen*: wees hard voor de inhoud, heb hart voor de samenwerking. Ga ervan uit dat je met dit motto betere resultaten haalt én prettig werkt.

Hart hebben voor de samenwerking staat helemaal los van de inhoud. Dat betekent dat ik begrip kan hebben voor de ander, hem kan vragen naar zijn mening, plezierig kan samenwerken, zonder dat ik concessies doe of het inhoudelijk met hem eens ben. Ik kan begrip hebben, zonder mijn positie te verzwakken.

De samenwerking verbeteren kan onzes inziens dan ook alleen maar door in de samenwerking te investeren. Dat kan door aandacht te geven aan elkaar, de tijd te nemen voor een goede bespreking, vragen te stellen, spanningen te signaleren en op te lossen. Een samenwerking wordt niet beter door compromissen te sluiten. Geven en nemen of 'voor wat hoort wat' kan inhoudelijk nodig zijn, maar helpt niet de samenwerking vlotter te laten verlopen. Sterker nog, de ander kan bij een te makkelijke concessie twijfelen aan je integriteit en toewijding.

In zijn standaardwerk stelt Fisher daarnaast: scheid mensen van problemen. Als je je zin niet krijgt – de ander sluit allerlei opties af, lijkt niet echt open te staan voor jouw belangen – dan is de verleiding groot kwaad te worden. Probeer je echter te focussen op de zaak: kennelijk is mijn belang nog niet duidelijk of kennelijk komen we niet in de zone waarin we gaan brainstormen in plaats van discussiëren. Doe daar wat aan. Mocht het wel degelijk persoonlijk zijn, maak het dan ook persoonlijk en heb het daarover.

Escalatie: je trekt het je persoonlijk aan

Jij: Ik wil vier keer negen uur werken.

Manager: Dat kan niet, want dat doet niemand hier. Nee, daar moeten we niet naartoe. Goed, andere punten?

Jij: Je veegt het zo van tafel! Nou zeg!

Manager: Ik zeg alleen maar wat hier kan en wat niet ...

Jij: Middeleeuws vind ik het.

Dooronderhandelen: stel vragen

Jij: Ik wil vier keer negen uur werken.

Manager: Dat kan niet, want dat doet niemand hier. Nee, daar moeten we niet naartoe. Goed, andere punten?

Jij: Nou, ik wil dit punt nog even verder bespreken.

Manager: Eh, oké.

Jij: Waar ligt jou bezwaar tegen 4 × 9?

Ga naar samenwerkingsniveau

Jij: Ik wil vier keer negen uur werken.

Manager: Dat kan niet, want dat doet niemand hier. Nee, daar moeten we niet naartoe. Goed, andere punten?

Jij: Je geeft een kort antwoord en sluit het onderwerp af zonder mij te vragen of ik dat akkoord vind. Dat geeft mij het gevoel dat het voor mij belangrijke punt geen ruimte krijgt. Ik wil het graag uitgebreider bespreken.

En als het niet loopt?

Omgaan met weerstand

Wat kun je verwachten?
In de selectieprocedure heb je je wellicht wel eens in sommige situaties afgevraagd of je getest werd. Je gesprekspartner is wat verlaat en jij moet even op de gang wachten. Is dat een test? Moet je assertief zijn? In het gesprek is een van de twee selecteurs druk aan het sms'en: moet je daar wat mee?

In onderhandelingen kan de ander met trucs en gedoe proberen jou uit je concentratie te halen. Boeken als *De 48 wetten van de macht* van Greene en *Hoe word ik een rat* van Joep Schrijvers gaan over machinaties, manipulaties, *office politics* en dergelijke. Het zijn interessante werkjes om eens te raadplegen maar laat je er vooral niet door uit het veld slaan. Je kunt beter mild glimlachend bekijken wat er gebeurt en je op de inhoud concentreren en alle gedoe even laten voor wat het is.

Mocht het gedoe je in het verkeerde keelgat schieten, reageer dan liefst niet gebeten maar probeer er feedback op te geven.

Altijd samenwerkingsissues
In onderhandelingen zit altijd enige spanning: jij wilt minder werken en je baas stelt dat je functie niet parttime kan; jij wilt een opleiding en je baas vindt dat die te weinig bijdraagt aan de strategische beslissingen die de onderneming neemt. Zolang die tegenstelling puur inhoudelijk is, is er niks aan de hand. We argumenteren, vergelijken visies, wegen argumenten en zoeken naar een acceptabele oplossing. Als we die niet vinden, maken we een nieuwe afspraak of we spreken af opnieuw onderzoek te doen of we kunnen arbitrage inroepen. Kortom, een inhoudelijke tegenstelling leidt nooit tot ruzie.

Ruzie komt er pas als de spanning op samenwerkingsniveau speelt: ik voel me niet serieus genomen, ik vind dat jij aan het drammen bent, de ander vindt dat jij jezelf overschat en is dat beu et cetera. Ook dan kan een en ander constructief opgepakt worden door dat wat één van de partijen voelt aan de orde te stellen:

- Ik merk dat ik me wat stoor aan de herhaling waar we in terecht komen.
- Ik heb het gevoel dat je het gesprek nu onplezierig vindt. Klopt dat?
- Stoort mijn verzoek je?
- Ik voel dat ik me erger. Zullen we daar eens even bij stilstaan?

Als de spanning op samenwerkingsniveau er wel is, maar niet of indirect geuit wordt, dan wordt het spannender. Immers, er ontstaan onconstructieve mechanismen en die worden niet benoemd.

- Typisch eisen van deze tijd: alles maar willen en een ander moet dat allemaal maar regelen! De kinderen uitbesteed, een paar uur werken wanneer het je uitkomt ...
- Er kan hier ook niks! Geen wonder dat er in het laatste medewerkerstevredenheidsonderzoek zo vernietigend over de kwaliteit van het management geoordeeld is.
- Nou, ik weet weer genoeg. Als je in deze tent ambitie hebt en je durft dat te zeggen, dan ben je meteen voor iedereen een bedreiging en word je in de hoek gezet. Ik stap nu uit dit gesprek.

In onderhandelingen kan het wel eens nodig zijn wat ondeugend te zijn en scherp te argumenteren. We hebben het over vechten als het erg emotioneel is: ik hoef niet te winnen als de ander maar verliest.

Een aantal stappen

Als jij het gedrag van de ander als lastig ervaart, heb jij een probleem. Het is verleidelijk te stellen dat de ander dingen doet die niet horen, dat ook anderen dat vinden, dat jij je redelijk opstelt et cetera. En wellicht is dat ook zo, maar het heeft één groot nadeel: jouw doel wordt de ander te veranderen en dat is op zijn zachtst gesteld ambitieus. Door de ander te willen veranderen, loop je het risico doelen te stellen waarop je slechts een beperkte invloed hebt. Immers, de ander bepaalt zelf zijn gedrag.

Alle hierna genoemde stappen plaatsen jou in een erg actieve, sturende rol. Die rol wordt wellicht niet zo één-twee-drie geaccepteerd en kan zelfs de zaak verergeren: 'Niet alleen brutale eisen stellen, maar nu ook nog eens mij de les lezen!?' Maar ja, wat wil je: je laten intimideren of maar eens zien waar een wakkere en constructieve opstelling je brengt?

Stap 1 Word toeschouwer
Zie de tips onder 'Jij gaat vechten' (bladzijde 165) om erg primaire reacties te voorkomen. Zie jezelf zitten en regisseer jezelf. Zorg dat je niet kwaad wordt of opgeeft, maar ga na wat er gebeurt in het gesprek.

Stap 2 Het is maar een voorstel
Een belangrijke observatie van veel schrijvers over dominantie en macht is dat macht geen objectief gegeven is maar iets is wat tussen deelnemers aan een gesprek impliciet bepaald wordt. De een doet een voorstel voor de rolverdeling en de ander accepteert het en hupsakee dominantie en volgzaamheid zijn bepaald. Iemand die zegt 'En nu stil!' doet het rolvoorstel 'zal ik bepalen dat jij stil moet zijn'. Dit is echter slechts een voorstel voor de rolverdeling. Macht betekent dat je invloed over de ander uitoefent en dat kan alleen als de ander dat toestaat en de voorgestelde rolverdeling accepteert.

Door weerstand te zien als een voorstel voor de rolverdeling – en niet meer dan een voorstel – kun je het voorstel ook afwijzen.

Jouw leidinggevende stelt: 'Ik zeg niets meer' en doet daarmee het rolvoorstel: 'ik wil er niks meer over zeggen en wil dat jij dat accepteert'. Dat geeft jou de ruimte om te zeggen: 'Oké, ik begrijp dat jij er niets meer over wilt zeggen. Dat is duidelijk. Ik wil er echter toch nog over verder praten. Hoe doen we dat?'

Je baas stelt: 'Jouw eisen zijn volkomen irreëel. Ik ben klaar met dit gesprek!' En jij stelt droogjes: 'Goed, jij stelt voor af te sluiten. Ik wil echter meer dan ooit een gesprek voeren en met name over wat jij van mijn eisen vindt.'

Je baas meldt: 'Parttime in die functie? Kansloos! Doe je de deur achter je dicht?' Maar jij gaat verder: 'Hé, daar sta ik van te kijken. Wat bedoel je met die reactie?'

Wees na het afwijzen van het voorstel of het doorvragen altijd even, of erg lang, stil. Dat hoort erbij, hoe knellend die stilte ook kan zijn.

Stap 3 Doe onderzoek: wat is er aan de hand?

Als iemand kwaad wordt of weigert verder mee te werken, dan kun je dat snel afdoen als weerstand en het veroordelen. Je kent echter nog niet zijn motieven. Het is goed je te realiseren dat je niet weet wat iemand beoogt met zijn gedrag tot je het vraagt. Hoewel dit wel eens veel vergt, is het waardevol een oordeel uit te stellen en te vragen wat iemand bedoelde of beoogde met bepaald gedrag.

Laat de ander vertellen en luister goed. Parafraseer, vat samen en luister actief. Dit werkt alleen als je het standpunt van de ander respecteert en wilt begrijpen. Zorg dat je geen inhoudelijke concessies doet en niet instemt met oordelen. Je kunt wel aangeven dat je ze begrijpt of dat je de opstelling snapt. Zorg ervoor dat je in het proces stuurt. Wees daarin directief. Zorg dat deze bovenpositie geaccepteerd wordt.

A: Ik ben wel klaar met dit punt. Volgende zaak.
B: Waarom ben je klaar met dit punt?
A: We vallen in herhaling. Ga verder!
B: We vallen in herhaling ...
A: Ja, zoals zo vaak en altijd maar negativiteit en altijd details.
B: Oké, jij geeft aan dat we herhalen, negatief reageren en details bespreken. Wat bedoel je met negatieve reacties?
A: Ja, als ik iets voorstel is er altijd oppositie, commentaar, negatief gedoe en details.
B: Op die details wil ik zo terugkomen. Jij vindt dus dat we te veel negatieve reacties geven?
A: Ja.
B: Kun je eens een voorbeeld geven?
Et cetera.

Op het moment dat je vragen stelt, stuur je de interactie en tegelijkertijd geef je de ander ruimte. Ten slotte kun je ermee bereiken dat je beter begrijpt wat de ander bedoelt en daarmee beter zelf zeggen wat je bedoelt.

Stap 4 Verder?

Als duidelijk is wat knelde en dat is besproken, is de vraag of je verder kunt met het gesprek, eventueel een volgende keer. Als je een nieuwe afspraak maakt, zorg dan wel voor een duidelijke agenda en voorkom dat je stopt en volgende keer op hetzelfde punt bent, dus zorg dat beide partijen huiswerk hebben.

En als je er echt niet uitkomt, dan is het niet anders. Overweeg die conclusie staande het gesprek te trekken of beleg er een ander gesprek voor. Pas op voor al te krasse eindes, zoals: 'Dan ben ik hier weg' of 'Eens kijken wat de directie hiervan vindt.' Een korte afkoelingsperiode kan wonderen doen. En dan komt je BAZO om de hoek kijken.

IK HEB LAST VAN JOU

Nu we het toch over moeilijk lopende gesprekken en allerlei gedoe tussen mensen hebben, gaan we ook maar even door. Het is ook nog eens mogelijk dat de ander, je baas of de HR-officer, dingen doen waar jij last van hebt. Ze vallen je in de rede, bagatelliseren je wensen, doet wat smalend over je prestaties tot nu toe en nemen ook nog telefoontjes tussendoor aan. Er zit niet veel anders op dan daar iets over te zeggen. Ook nu weer geldt: maak het bespreekbaar en word niet kwaad en projecteer het vooral niet op je eisen ('Ik wilde een halve dag per week vrij voor die opleiding, maar ik ga maar eens voor een hele dag!').

Een manier om te reageren op de inzet van een ander en aan te geven wat je zelf wilt, is confronteren. Om ervoor te zorgen dat je constructief confronteert, is het zaak een aantal stappen te volgen.

DE STAPPEN ZIJN DE VOLGENDE:
- Geef aan wat je ziet. Beschrijf dit zo objectief mogelijk. *Facts*
- Geef aan wat dat met je doet. *Feelings*
- Geef aan wat je wilt dat de ander doet. *Future*
- Wees stil.

GEEF AAN WAT JE ZIET

Door zo objectief mogelijk te beschrijven wat je ziet:

- Geef je concreet gedrag als feedback, in plaats van abstracte oordelen.
- Haal je je eigen interpretatie ervanaf.
- Wordt het voor de ander duidelijk over welke situatie je het hebt.

Niet: Je behandelt me grof.

Wel: Je viel me twee keer in de rede en noemt mijn oordeel 'flauwekul'.

Niet: Je bent driftig.

Wel: In de discussie sprak je met stemverheffing en liep je weg terwijl ik aan het praten was tegen jou.

Niet: Het interesseert jou niet.

Wel: Ik zie je in ons gesprek door je agenda bladeren en je sprak kort met John tijdens mijn presentatie.

GEEF AAN WAT DAT MET JE DOET

Het gaat bij het confronteren erom dat je aangeeft dat jíj het gedrag niet prettig vindt. Dus jíj zult aan moeten geven wat het precies met jou doet. Je kunt je dus niet verschuilen achter:

- Normen: 'Dat is gewoon onfatsoenlijk' of 'Dat doe je toch niet' of 'Zo gaan we niet met elkaar om'.
- Anderen: 'Ik weet dat veel mensen dat vervelend vinden' of 'Wat zal de raad daarvan vinden?'.
- Een appèl op de gesprekspartner: 'Dat vind jij toch ook niet leuk, als iemand dat doet?'.

GEEF AAN WAT JE ZOU WILLEN DAT DE ANDER DOET

Je confronteert iemand omdat je zaken anders wilt. Je doet het niet om je af te reageren. Dat betekent dat je een beeld moet hebben van wat de ander wél moet doen. Ook dat beschrijf je weer zo objectief en concreet mogelijk. Immers, de ander moet weten wat hij moet doen en dat niet hoeven interpreteren.

Stap 1, 2 en 3 samen:

1 Je viel me twee keer in de rede en noemt mijn oordeel 'flauwekul'.
2 Dat geeft mij het gevoel dat mijn oordeel er niet toe doet.
3 Ik wil uitpraten en wil niet dat je woorden als 'flauwekul' gebruikt.

Of:

1 Ik zie je in ons gesprek door je agenda bladeren en je sprak kort met John tijdens onze presentatie.
2 Dat geeft mij het gevoel dat ik niet serieus genomen word.
3 Ik wil dat je tijdens de presentatie naar ons kijkt en vragen en opmerkingen aan ons richt.

Wees stil

Je doet de ander een voorstel: ik wil graag dat jij dit of dat doet. Het is zaak met de ander daar een 'contract' over te sluiten. Dat betekent dat de ander moet reageren en daarvoor de ruimte moet krijgen. Ook druk je met de stilte en het wachten op een antwoord uit dat het gesprek even stilligt, totdat dit opgelost is. Wees stil, wacht en ga over tot actief luisteren. Sta niet toe dat er niet gereageerd wordt.

Psychologische spellen: stout en fout

In een sollicitatietraject wordt een sollicitant nogal eens getest. Even kijken wat hij in huis heeft. Wellicht heb je zelf ook gemerkt dat er in die gesprekken soms erg lastige (wanneer raakte je voor het laatst in paniek) of vreemde vragen (stel dat je een miljoen pingpongballen wint. Wat doe je daarmee?) gesteld worden, dat je geprovoceerd wordt (ik denk niet dat jij die baan aankunt. Ga je altijd zo gekleed naar een belangrijk gesprek?) et cetera.

Er kunnen in het gesprek zaken voorvallen die jou het gevoel geven dat er even niet constructief gewerkt wordt maar een spel met je gespeeld wordt. Word daar niet kwaad of geïrriteerd om, maar zie met enige distantie wat er gebeurt. Als je helder hebt wat er gebeurt, zeg er dan wat van. Je vermogen om niet uit het lood te raken én iets te doen met wat jij onconstructief vindt, maakt doorgaans indruk.

Voorbeelden van trucs:

- Draineren: te lang doorgaan met het praatje, niet ter zake komen, enorm uitweiden over details — de kletsnarcose — blijven zoeken naar spullen, telefoon aannemen, weglopen et cetera.

- *Good cop bad cop*: twee gesprekspartners spelen samen. De een is onredelijk, dwars en vervelend. De ander is aimabel. De aimabele wordt dus de aantrekkelijke gesprekspartner, hoewel die echt niet alleen maar het beste met je voorheeft. En de *bad cop* kan intimideren en onredelijk zijn, wat z'n uitwerking op jou heeft, en wat de *good cop* niet besmet.

- Helaas te weinig mandaat: erg laat in het gesprek blijkt dat je gesprekspartner te weinig mandaat heeft en geen afspraak kan maken. Het hele gesprek moet dus nog een keer en als jij al concessies gedaan hebt, begint het volgende gesprek op dat niveau en wordt er weer druk op je gezet om meer concessies te doen.

- Op de persoon spelen: jij bent het probleem en dat wordt expliciet of impliciet duidelijk. Hoe durf jij om opslag te vragen, uitgerekend jij komt om een zwaar account vragen, kom eerst maar eens op tijd voordat we over werktijden praten, promotie is echt niet voor jou weggelegd want je loopt al op je tenen et cetera.

- *Fear appeal*: er wordt een duistere toekomst geschetst die zal optreden als jij zulke eisen stelt. Je hangt jezelf een loodzware target om de nek, je zult door collega's met scheve ogen aangekeken worden als je minder gaat werken, als jij meer geld wilt en dat lekt uit, dan rijzen de loonkosten de pan uit.

- Ronduit weigeren te onderhandelen: de deur is dicht, niks kan, geen enkele ruimte voor overleg, onbespreekbaar. Eventueel na een bod dat je niet meteen accepteert geprikkeld dat bod terugtrekken en weigeren te onderhandelen.

- Stromantactiek: jouw standpunt wordt versimpeld en dan met kracht omvergeworpen. Van je betoog wordt een karikatuur gemaakt.

Nogmaals, het is goed als je het hoofd koel houdt, maar stel op een gegeven moment wel een grens.

Hier eerst een uitspraak van de baas en dan verschillende manieren waarop je daarop kunt reageren.

Baas: Als we allemaal hier maar even willen komen werken om dan weer snel naar de crèche te gaan en lekker thuis te zitten. Thuiswerken? Dat is uitslapen en voor de kindjes zorgen en als het uitkomt een beetje werken. Als het niet te mooi weer is!

Maak een grapje!

Jij: Ha, ha. Ja, als dat zou kunnen. Nou, ik vrees dat ik daar toch iets te serieus voor in elkaar zit. Maar zeg eens, gebeurt dat echt?

Haal het terug naar jouw concrete vraag.

Jij: Denk je echt dat ik zo omga met thuiswerken?

Laat maar even uitrazen. Ik kom zo weer terug.

Jij: Ik geloof dat ik een gevoelige snaar heb geraakt ...

Principieel.

Jij: Ik merk dat ik er last van heb als je mijn standpunt zo samenvat.

Er tegenin.

Jij: Als ik jou zo bezig hoor snap ik dat ook wel: wegwezen. Wat is eigenlijk het verzuimcijfer en wat is het verloop?

▶ Een warme hand en een koud hoofd. Daarmee kom je ver.

VERWERKING VRAGENLIJST IK EN DE ANDER

Vraag 1

1e aangevinkt Ik-score	=	2
2e aangevinkt Vecht-score	=	2
3e aangevinkt Ander-score	=	2
4e aangevinkt Vlucht-score	=	2
5e aangevinkt Wij-score	=	2

	Score per vraag			Totaal				
	Vrg 2	Vrg 3	Vrg 4	I	Ve	A	Vl	W
Tel punten voor 1e vak op bij Ik-score				☐				
Tel punten voor 2e vak op bij Vecht-score					☐			
Tel punten voor 3e vak op bij Ander-score						☐		
Tel punten voor 4e vak op bij Vlucht-score							☐	
Tel punten voor 5e vak op bij Wij-score								☐

	Score			Totaal				
	Vrg 5	Vrg 6	Vrg 7	I	Ve	A	Vl	W
1e stelling = Ik-score + 1				☐				
2e stelling = Vecht-score + 1					☐			
3e stelling = Ander-score + 1						☐		
4e stelling = Vlucht-score + 1							☐	
5e stelling = Wij-score + 1								☐

	I	Ve	A	Vl	W
Totaal					

Verwerk de score in onderstaande grafiek.

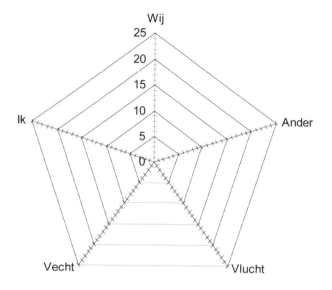

- Past een en ander in jouw beeld van jezelf als onderhandelaar?
- Bespreek dat ook eens met mensen die je beter kennen.
- Is er een verschil in het beeld van jou tussen jouw leidinggevenden en je collega's?
- Is er een verschil in het beeld van jou dat mensen hebben die jou privé kennen en mensen die je zakelijk kennen?
- Wat zijn de punten die werken en die je vast moet houden?
- Wat zijn je ontwikkelpunten?
- Hoe ga je daaraan werken?
- Wanneer moet je wat beter kunnen?

Opdrachten

Oefen je assertiviteit en samenwerking

Twee kleine rollenspellen, die je ook met vrienden of collega's eens kunt doen om je assertiviteit en vermogen tot samenwerking te testen. Vraag vooral om feedback!

Je zit in een neerstortend vliegtuig en hebt drie minuten om met z'n drieën te onderhandelen wie de laatste twee parachutes krijgen.

Drie zeerovers, Popof, Totor en Bébert, zitten in een donker hoekje van de herberg snode plannen te beramen. Een van de drie heeft vernomen dat er een schat ligt op Haaieneiland. Ze hoeven er maar naartoe te gaan en de schat ter waarde van 100.000 euro is de hunne. De drie kijken elkaar grijnzend aan en maken voor zichzelf een plannetje ...

Om naar het gevaarlijke Haaieneiland te varen is een boot met ten minste twee bemanningsleden vereist. In je eentje is de tocht niet te volbrengen.

Popof heeft een prima boot, die de tocht probleemloos kan maken. Totor heeft een boot, maar die is tamelijk wrakkig. Hij zou wellicht de tocht één keer kunnen volbrengen, hoewel zelfs dat risicovol is, maar zal dan zeker niet de hele schat mee kunnen nemen. De boot zou in het gunstigste geval de helft van het goud, 50.000 euro kunnen torsen.

Alle drie willen ze voor zichzelf het beste, maar ze zijn wel geneigd de bestaande onderlinge banden te laten voortbestaan met het oog op toekomstige, gezamenlijke avonturen. Maar ze geven niks zomaar weg en dat weten ze van elkaar.

Wat wordt de afspraak?

Literatuurlijst

Bartlett, C.A. en Goshall, S. *De gedragscontext van de onderneming.*
HRM-select 1996, 2.

Bergen, A. van. *De lessen van Burnout.* Utrecht: het Spectrum. 2005.

Block, P. *Empowerment in organisaties. Werken met positieve tactische vaardigheden.* Schoonhoven: Academic Service. 1998.

Block, P. *Het antwoord op Hoe? is Ja! Doen wat belangrijk is.*
Schoonhoven: Academic Service. 2002.

Bolwijn, M. *De beste werknemer is een moeder.* De Volkskrant,
4 maart 2006 (p. B01).

Brink, G. van der. *Beroepszeer. Waarom Nederland niet goed werkt.*
Amsterdam: Boom. 2005.

Bruel, M. en Colson, C. *De geluksfabriek: over binden en boeien van mensen in organisaties.* Schiedam: Scriptum Books. 1998.

Bruine, E. de en Buchel, Y. *Lef! Loopbaancoach voor vrouwen.*
Den Haag: Academic Service. 2005.

Covey, S.R. *De zeven eigenschappen van effectief leiderschap.* Amsterdam:
Contact. 1993.

Fisher, R., Urt, W. en Patton, B. *Excellent onderhandelen. Een praktische gids voor het best mogelijke resultaat in iedere onderhandeling.*
Amsterdam: Business Contact. 2005.

Fisher, R. en Brown, S. *Met open vizier. Conflictmanagement voor onderhandelaars*. Utrecht: Veen. 1989.

Greene, R. *De 48 wetten van de macht*. Amsterdam: Meulenhoff. 1999.

Hofstede, G. en Hofstede, G.J. *Allemaal andersdenkenden. Omgaan met cultuurverschillen*. Amsterdam: Contact. 2005.

Kaplan R. en Norton D. *Op kop met de balanced score card*. Amsterdam: Business Contact. 1997.

Kwakman, F. *Personal branding: een naam maken als professional*. Den Haag: Academic Service. 2004.

Mastenbroek, W.F.G. *Onderhandelen*. Utrecht: het Spectrum. 1992.

Nissink, E. *Buigen uit vrije wil: conflicthantering met mentale aikido*. Deventer: Ank Hermes. 2004.

Peters, J. en Pouw, J. *De intensieve menshouderij. Hoe kwaliteit oplost in rationaliteit*. Schiedam: Scriptum. 2004.

Pinkley, R. *Salary and Compensation Negotiation Skills for Young Professionals*, Journal of the American Dietetic Society, 2003, 104.

Rosenberg, M.B. *Geweldloze communicatie. Ontwapenend en doeltreffend*. Rotterdam: Lemniscaat. 1998.

Schrijvers, J. *Hoe word ik een rat: de kunst van het konkelen en samenzweren*. Schiedam: Scriptum. 2004.

Trompenaars, F. *Riding the Waves of Culture. Understanding Diversity in Global Business*. McGraw Hill. 1997.

Ury, W. *Onderhandelen met lastige mensen. Een strategie om in vijf stappen een doorbraak te forceren*. Amsterdam: Business Contact. 1996.

Visser, C. en Schlundt Bodien, G.L. *Doen wat werkt: oplossingsgericht werken in organisaties.* Deventer: Kluwer. 2005.

Voskuil, J.J. *Plankton (Het bureau, deel 3).* Amsterdam: Van Oorschot. 1997.

Witteloostuijn, A. van. *Anorexiastrategie. Over de gevolgen van saneren.* Amsterdam: Arbeiderspers. 1999.

Zwieten, H. van en Grift, M van de. *Het merk IK: talentbranding voor een succesvolle carrière.* Utrecht: het Spectrum. 2005.